オバマ
「核なき世界」演説

Barack Obama: Building a Peaceful World

『CNN English Express』編集部＝編

生声CD
対訳

朝日出版社

● CD収録時間：42分41秒

- ●本書の収録コンテンツの一部は月刊英語学習誌『CNN English Express』の記事を再編集したものです。
- ●『CNN English Express』についての詳しい情報は下記をご覧ください。
  - パソコンから　http://ee.asahipress.com/
  - ケータイから　http://asahipress.jp/
- ● CNNの番組視聴については下記をご覧ください。
  - http://www.jctv.co.jp/cnnj/
- ● CNNのニュースをネットで読むには下記へアクセスしてください。
  - 英語サイト　　http://www.cnn.com/
  - 日本語サイト　http://www.cnn.co.jp/

CNN name, logo and all associated elements TM and © 2009 Cable News　Network. A TimeWarner Company. All rights reserved.
表紙写真：AFP＝時事

■ Contents

- オバマ大統領「プラハ演説」のひみつを探る──本書のガイドをかねて ········ 04
- オバマ年表 ··· 08

三宅一生「閃光の記憶」·· 09
Issey Miyake: A Flash Of Memory

プラハ演説「核なき世界を目指す」
Prague Speech: A World Without Nuclear Weapons ················ [CD Track01-21] 15

カイロ演説「イスラムとの新たな始まり」
Cairo speech: A New Beginning ·································· [CD Track22-36] 57

- ボキャブラリー・チェック ··· 86
- CD ナレーション原稿 ··· 95

オバマ大統領「プラハ演説」のひみつを探る
―― 本書のガイドをかねて

鈴木 健（明治大学准教授）

■ はじめに

　2009年4月5日、オバマ大統領は、チェコのプラハにおいて「核兵器なき世界」の実現に向けて演説を行いました。ここでは、その背景やレトリック（言語表現のワザ）などについて解説します。

■ アメリカ政治における2つの価値観

　アメリカの歴史には、あるサイクルを見ることができます。高名なコミュニケーション学者でレトリック批評家のG・トーマス・グッドナイトは、米国には政治的な前提条件となるような価値観が存在すると述べています。つまり、米国史には、「リベラルな価値観」（liberal presumptions）と「保守的な価値観」（conservative presumptions）の対立が、多くの場合には存在しており、それらが一定のサイクルを描いているのです。

　自由主義を意味する「リベラル」な価値観の下では、「変化」（change）は避けられないものですし、望ましいものです。政府には国民生活への積極的関与と指導の役割が期待されます。同時に、リベラルな人々は大きな政府という基準で、政策の評価をする傾向があります。

　逆に、小さな政府を信奉する人々に支持される「保守的」な価値観の下では、社会的な「安定」（stability）が熱望され、政府がビジネスなどの民間活動へ介入することには懐疑的です。

　米国の政権は、長期的には中道化の運命から逃れられず、どちらかに極端に片寄ることはありません。しかし、時代によっては、いずれか片方の価値観が支配的になることもありました。

　社会矛盾を変革することを目指した革新主義、世界恐慌後のローズベルト大統領のニューディール政策、ジョンソン大統領の掲げた「貧困との戦い」などという言葉で特徴づけられる時期には、リベラルな価値観が支配的でした。一方、レーガンの保守革命や、米国には自由と民主主義を世界に広める使命があるとする「新保守主

義」(neo-conservatives; ネオコン) が実権を握った時代は、保守的な価値観が支配的だった例です。

米国大統領は、こうした価値観の対立と、それぞれの文脈から生まれる議論の調整を行うことを常に迫られます。同時に、対立しがちな世論を超越して説得する義務も負わされます。大統領にとって、「公の説得の技法」としてのレトリックを身につけることは、重要な「政治的資産」(political capital) を持つことなのです。

オバマは、こうしたアメリカの歴史を十分に認識しており、効果的なレトリックを用いて、こうした価値観の違いから生じる対立の調整に長けていると思われます。

■オバマの外交政策と、核をめぐる国際情勢

オバマ政権は、外交を行うに際し、経済・軍事・政治・文化などの「スマートパワー」と呼ばれる力を総合的に駆使すると強調してきました。また、ヒラリー・クリントン国務長官も、同盟国や新興国と協調して地球的課題の解決を図る、「新たな外交と開発の時代」(a new era of diplomacy and development) を目指すと言っています。

これは、ブッシュ前大統領の単独行動主義からの決別と、国際協調路線への転換を意味しています。「認識された敵への先制攻撃を決断し行使する権利」を主張したブッシュ・ドクトリンから、「対話と相互尊重」を重視するオバマ・ドクトリンへの転換ともいえます。しかし、こうした政策は理想主義一辺倒ということではなく、イラクからの米軍撤退を進める一方でアフガニスタンには増派するなど、かなり現実主義的な面も見せています。

オバマ政権は、核拡散問題に加え、国際金融危機・気候変動・感染症・貧困などの問題に対しても、国際的連帯で取り組むと宣言しています。その点、「核の番人」といわれる国際原子力機関 (IAEA) の事務局長に、唯一の被爆国である日本から天野之弥氏が選ばれ、2009年12月に就任することになったことは大きな意味を持ちます。また、2009年7月6日にロシアのメドベージェフ大統領と会談したオバマが、「戦略兵器削減条約」(START-I) を継承する核軍縮の新枠組みで合意にこぎつけたことも重要です。

一方、包括的核実験禁止条約 (CTBT) の発効には原子炉を持つ44カ国の批准が必要ですが、未批准国がまだかなりあります。北朝鮮やイスラエル、インド、パキスタンも批准していません。

現在190カ国が参加する核不拡散条約（NPT）にも、すでに核を保有している国の軍縮を優先すべきと考える側と、途上国への核拡散防止を重視する側の対立が存在します。また、米国やロシア、フランス、中国、英国などの核保有国はNPT締約国ですが、インドやパキスタン、イスラエルなどは非締約国であり、北朝鮮は2003年に脱退宣言をしています。

　核廃絶への道は楽観視できるものではありませんが、オバマは2010年3月に25〜30カ国を米国に招き、核サミットを開催すると発表しています。

■プラハ演説のレトリック

　今回のオバマ演説にも、3つの技巧が凝らされています。最初に、「話者の信頼性を打ち立てる」（ethos building）戦略が取られます。具体的には、話者の聴衆に対する善意（goodwill）と、テーマに関する見識（credibility）を示すことが大切です。プラハの戦争と平和の歴史を振り返り、文化的にも「黄金都市」と呼びます。「チェコ共和国が自由な国となり、北大西洋条約機構（NATO）の一員となり、統一ヨーロッパの指導的存在になると予想した人は、ほとんどいなかったでしょう」（本書p.19参照）と述べた後、「私たちが今日ここにいるのは、あらゆる困難にもかかわらず、アメリカとチェコの人々が、この日が来ることを信じたからです」と結ばれています（本書p.23参照）。

　次に、「さまざまな違いの橋渡し」（bridging differences）をする戦略が語られます。この世の中には、国家間の利害、人種や宗教間の反目など、対立を進める意見があふれています。しかし、政治家には、分断を乗り越えて国家や国際社会の連帯を進める責任があります。演説では、「私たちは、こうした歴史を共有しています」（本書p.23参照）と述べた後、共通の利益と価値を持つ人々によって問題解決に当たる決意が表明されます。気候変動への対応策でも、"now is the time to change"と「新しい始まり」を示す言葉が使われています。具体的には、さまざまなNATOの軍事的役割が説明されています（本書p.29参照）。

　最後の戦略は、「運命論にあらがい、前向きな態度を示す」（forward-looking posture）戦略です。悲観主義者の機先を制する、さまざまなレトリックが使われています。ここで、「唯一の核使用国としての米国の道義的責任」に言及し、「わが国だけではこの取り組みを成功させることはできませんが、その先頭に立つことはで

きます」と述べたのは、画期的なことでした（本書p.37参照）。「この目標が、私たちの生きているうちには達成されないでしょう。この目標を達成するには、忍耐と粘り強さが必要です」という表現は、冷戦の真っただ中に行われたケネディの就任演説を思い起こさせます。また、「私たちは前進するに当たって幻想を抱いてはいません」という言葉も、「幻想なき理想主義者」（idealist without illusion）を標榜したケネディを思い起こさせます。演説のクライマックスでは、4年以内に世界の核物質を保護管理する国際活動、闇市場の解体、核安全保障に関する国際サミット開催が提案されています（本書p.45参照）。

　ヨーロッパで米大統領が行った演説としては、1963年6月26日にケネディが、当時は東西に分離されていたドイツのベルリンで「私はベルリン市民である」と宣言したものが有名です。今回のオバマ演説も、いつか「核なき世界」が達成されたときに、記念碑として振り返られるものになることでしょう。

SUZUKI Takeshi

コミュニケーション学博士（PhD）。フルブライト研究員および南カリフォルニア大学客員教授、津田塾大学英文学科准教授を経て、現在は明治大学情報コミュニケーション学部准教授。著書に『大統領選を読む！』（朝日出版社、2004年）、『オバマに学ぶ説得コミュニケーション──米国文化と政治レトリック』（朝日出版社、近刊予定）、共著書に『説得コミュニケーション論を学ぶ人のために』（世界思想社、2009年）、『英語ディベート　理論と実践』（玉川大学出版部、2009年）など。

■オバマ年表

1961	8月4日	ハワイでバラク・オバマ誕生
1964		両親が離婚
1965		実父がケニアへ帰国
1967		母の再婚に伴ってインドネシアへ移住
1979		ロサンゼルスのオキシデンタルカレッジに進学
1981		コロンビア大学に編入
1983		同大学を卒業して出版社などに勤務
1984		シカゴに移ってコミュニティー・オーガナイザーに
1988		ハーバード大学法科大学院に入学
1990		『ハーバード・ロー・レビュー』初の黒人編集長に
1991		法科大学院を修了してシカゴの法律事務所へ
1992		弁護士のミシェル・ロビンソンと結婚
1995		自伝『マイ・ドリーム（Dreams from My Father）』出版
1996		イリノイ州議会上院議員に当選
1998		長女マリア誕生
2000		連邦下院議員選挙に出馬して落選
2001		次女サーシャ誕生
2004	7月27日	**民主党大会基調演説「大いなる希望」**［→『オバマ演説集』p.21］
	11月	連邦上院議員に初当選
2006		『合衆国再生（The Audacity of Hope）』出版
2007	2月	大統領選への立候補を公式に宣言
2008	1月3日	アイオワ州党員集会から予備選がスタート
	3月4日	**ヒラリーとの激しい指名争いの中で**［→『オバマ演説集』p.53］
	6月3日	予備選最終日にオバマがようやく勝利を確定
	8月27日	民主党大会で正式な候補者指名を受ける
		副大統領候補にはジョセフ・バイデンを指名
	8月28日	**指名受諾演説「アメリカの約束」**［→『オバマ演説集』p.61］
	9月5日	共和党大会でジョン・マケインが指名受諾演説
		副大統領候補にはサラ・ペイリンが指名される
	11月4日	本選挙投票日
		勝利演説「アメリカに変化が訪れた」［→『オバマ演説集』p.73］
	5日	政権移行チームのメンバーを発表
	12月5日	正式に大統領当選者を決めるために代議員が投票
2009	1月6日	新しい連邦議会が開会して正式に選挙結果を発表
	1月20日	第44代アメリカ合衆国大統領就任式
		就任演説［→『オバマ大統領就任演説』］
	4月5日	**「プラハ演説」**［→本書p.15］
	6月4日	**「カイロ演説」**［→本書p.57］

閃光の記憶
三宅一生

A FLASH OF MEMORY
By Issey Miyake

核なき世界を目指すことを表明した、オバマ大統領の「プラハ演説」。
世界中で大きな反響がわき起こる中、『ニューヨーク・タイムズ』紙に
掲載されたひとつの寄稿文が人々の注目を集めた。
世界的衣服デザイナーの三宅一生が、演説に触発され、自らの被爆体験を
初めてつづったものだったからだ。
ここに、その英文と日本語原文を併せて収録するが、
これまで彼があえて語らずにきた広島の記憶とは、
はたしてどのようなものだったのだろうか？
そして、封印の解かれたその記憶と「プラハ演説」とは、
どう呼応するのだろうか？

英文は2009年7月14日付の米紙『ニューヨーク・タイムズ』(The New York Times) に掲載された
ものです。日本文は2009年7月16日付の『朝日新聞』に掲載されたものです。
オリジナルは日本文で、英文はその翻訳ですが、逐語的な訳ではないことにあらかじめご留意ください。

三宅一生 Issey Miyake
衣服デザイナー。1938年、広島市生まれ。平和大橋（イサム・ノグチ設計）や広島平和記念公園（丹下健三設計）などに触れるなかでデザインを志す。1970年に「三宅デザイン事務所」を設立。「一枚の布」の考え方を原点に、新しい技術を採り入れつつ、衣服デザインの限界を押し広げる自由な発想のものづくりを追求している。高松宮殿下記念世界文化賞（彫刻部門）、京都賞（思想芸術部門）などのほか、フランスレジオン・ドヌール勲章、イギリス英国王立芸術院名誉博士号など海外での受賞・叙勲も多い。

A FLASH OF MEMORY
By Issey Miyake

　IN April, President Obama pledged to seek peace and security in a world without nuclear weapons. He called for not simply a reduction, but elimination. His words awakened something buried deeply within me, something about which I have until now been reluctant to discuss.

　I realized that I have, perhaps now more than ever, a personal and moral responsibility to speak out as one who survived what Mr. Obama called the "flash of light."

　On Aug. 6, 1945, the first atomic bomb was dropped on my hometown, Hiroshima. I was there, and only 7 years old. When I close my eyes, I still see things no one should ever experience: a bright red light, the black cloud soon after, people running in every direction trying desperately to escape—I remember it all. Within three years, my mother died from radiation exposure.

　I have never chosen to share my memories or thoughts of that day. I have tried, albeit unsuccessfully, to put them behind me, preferring to think of things that can be created, not destroyed, and that bring beauty and joy. I gravitated toward the field of clothing design, partly because it is a creative format that is modern and optimistic.

　I tried never to be defined by my past. I did not want to be labeled "the designer who survived the atomic bomb," and therefore I have always avoided questions about Hiroshima. They made me uncomfortable.

---

flash:
閃光（せんこう）、きらめき
pledge to do:
〜すると誓う、堅く約束する
seek:
〜を探し求める、得ようとする
security:
安全、安全保障
nuclear weapon:
核兵器

call for:
〜を呼びかける、提唱する
reduction:
削減、減少
elimination:
排除、廃絶
awaken:
〜を目ざめさせる、眠りからさます
bury:
〜を埋める、覆い隠す

be reluctant to do:
〜することに気が進まない
realize that:
〜であることを悟る、はっきり理解する
moral:
道徳上の、倫理上の
speak out:
思い切って意見を述べる
atomic bomb:
原子爆弾、原爆

閃光の記憶
三宅一生

　本年4月、オバマ米大統領がプラハで行った演説のなかで、核兵器のない世界を目指すと約束されたことは、私が心の奥深くに埋もれさせていたもの、今日に至るまで自ら語ろうとはしてこなかったものを、突き動かしました。

　大統領の演説は、私も「閃光」を経験した一人として発言すべきであるということ、自身の道義的な責任ということを、かつてなく重く受け止めるきっかけとなりました。

　1945年8月6日、私の故郷の広島に原爆が投下されました。当時、私は7歳。目を閉じれば今も、想像を絶する光景が浮かびます。炸裂した真っ赤な光、直後にわき上がった黒い雲、逃げまどう人々……。すべてを覚えています。母はそれから3年もたたないうちに、被爆の影響で亡くなりました。

　私はこれまで、その日のことをあえて自分から話そうとはしてきませんでした。むしろ、それは後ろへ追いやり、壊すのでなくつくることへ、美や喜びを喚起してくれるものへ、目を向けようとしてきました。衣服デザインの道を志すようになったのも、この経験があったからかもしれません。デザインはモダンで、人々に希望と喜びを届けるものだからです。

　服づくりのしごとを始めてからも、「原爆を経験したデザイナー」と安易にくくられてしまうことを避けようと、広島について聞かれることにはずっと抵抗がありました。

---

bright: 鮮明な、強烈な
in every direction: 四方八方に
desperately: 必死になって、絶望的に
radiation: 放射能
exposure: さらされること、被曝（ひばく）
share: （感情などを）伝える
albeit: 〜にもかかわらず、〜であろうとも
prefer: むしろ〜したい
destroy: 〜を破壊する
gravitate toward: 〜に引き寄せられる
define: 〜を定義する、規定する
label A B: AをBとして分類する
therefore: それゆえに、したがって
avoid: 〜を（意識して）避ける
uncomfortable: 不快な、心地のよくない

A FLASH OF MEMORY
By Issey Miyake

But now I realize it is a subject that must be discussed if we are ever to rid the world of nuclear weapons. There is a movement in Hiroshima to invite Mr. Obama to Universal Peace Day on Aug. 6—the annual commemoration of that fateful day. I hope he will accept. My wish is motivated by a desire not to dwell on the past, but rather to give a sign to the world that the American president's goal is to work to eliminate nuclear wars in the future.

Last week, Russia and the United States signed an agreement to reduce nuclear arms. This was an important event. However, we are not naive: no one person or country can stop nuclear warfare. There are reports of other countries acquiring nuclear technology, too. For there to be any hope of peace, people around the world must add their voices to President Obama's.

If Mr. Obama could walk across the Peace Bridge in Hiroshima—whose balustrades were designed by the Japanese-American sculptor Isamu Noguchi as a reminder both of his ties to East and West and of what humans do to one another out of hatred—it would be both a real and a symbolic step toward creating a world that knows no fear of nuclear threat. Every step taken is another step closer to world peace.

---

subject:
主題、論題
rid:
〜を取り除く、除去する
movement:
運動、活動
invite:
〜を招待する、招く
Universal Peace Day:
平和祈念式

annual:
年1回の、毎年の
commemoration:
記念祭
fateful:
致命的な、破滅的な
accept:
（申し出などを）受け入れる
be motivated by:
〜で刺激される、やる気になる

desire:
願望、要望
dwell:
住む、移住する
rather:
それどころか
eliminate:
〜を除去する
agreement:
同意、合意

閃光の記憶
三宅一生

　しかし今こそ、核兵器廃絶への声を一つに集める時だと思います。広島市内では現在、8月6日の平和祈念式へオバマ大統領をご招待したいという市民たちの声が高まっています。私もその日が来るのを心から願っています。

　それは、過去にこだわっているからではありません。そうではなく、未来の核戦争の芽を摘むことが大統領の目標である、と世界中に伝えるには、それが最上の方策と思うからです。

　先週、ロシアと米国が核兵器の削減で合意しました。非常に重要なひとつのステップです。ただ、楽観してばかりもいられません。一個人の力、一国の力だけでは核戦争を止めることは不可能です。他にも、核のテクノロジーを手に入れている国々があると聞いています。世界中の人々が声をあげて、平和への望みを表明しなければなりません。

　オバマ大統領が、広島の平和大橋（彫刻家イサム・ノグチが自身の東西のきずなへの証しとして、さらに人類が憎しみから行ったことを忘れないための証しとして、デザインした橋）を渡る時、それは核の脅威のない世界への、現実的でシンボリックな第一歩となることでしょう。そこから踏み出されるすべての歩みが、世界平和への着実な一歩となっていくと信じています。

---

reduce:
〜を減少させる、削減する
nuclear arms:
核兵器
naive:
単純な、世間知らずの
warfare:
戦争、武力衝突
acquire:
〜を獲得する、手に入れる

add A to B:
BにAを加える
the Peace Bridge:
平和大橋
balustrade:
手すり、らんかん
sculptor:
彫刻家
reminder:
思い出させるもの

tie:
つながり、きずな
hatred:
憎しみ、憎悪
fear:
恐怖感、おびえ
threat:
脅威、おそれ
close to:
〜に近い、接近した

プラハ演説「核なき世界を目指す」

PRAGUE SPEECH: A World Without Nuclear Weapons

世界唯一の被爆国である日本に対し、
核爆弾を実際に使用した世界唯一の国がアメリカである。
その米国では、原爆投下を肯定的にとらえる意見が伝統的に主流だとされる。
しかし、オバマ大統領はプラハでの演説で、そうした自国には核問題で行動を起こす
道義的責任があるとし、核兵器廃絶に向けて世界を主導する考えを大胆に示した。
折しも北朝鮮がミサイル発射実験を行った日に行われたこの演説は、
将来、歴史の大きな節目として振り返られることになるのかもしれない。

実施日：2009年4月5日（現地時間）　場所：チェコ共和国プラハ市「フラチャニ広場」
本書収録：全文を収録　CD収録時間：24分45秒
写真提供：ロイター／アフロ

Prague Speech: A World Without Nuclear Weapons

■チェコの英雄の足跡をたどって

Thank you for this wonderful welcome. Thank you to the people of Prague. Thank you to the people of the Czech Republic.

Today, I'm proud to stand here with you in the middle of this great city in the center of Europe. And, to paraphrase one of my predecessors, I am also proud to be the man who brought Michelle Obama to Prague.

To Mr. President, to Mr. Prime Minister, to all the dignitaries who are here, thank you for your extraordinary hospitality. And to the people of the Czech Republic, thank you for your friendship to the United States.

I've learned over many years to appreciate the good company and the good humor of the Czech people in my hometown of Chicago. Behind me is a statue of a hero of the Czech people: Tomas Masaryk. In 1918, after America had pledged its support for Czech independence, Masaryk spoke to a crowd in Chicago that was estimated to be over 100,000. I don't think I can match his record, but I am honored to follow his footsteps from Chicago to Prague.

Prague:
プラハ　▶チェコ共和国の首都。
nuclear weapons:
核兵器
Czech Republic:
チェコ共和国
be proud to do:
〜することを誇りに思う
paraphrase:
〜を言い換える

predecessor:
前任者、先輩
prime minister:
首相、総理大臣
dignitary:
高位の人、高官
extraordinary:
非常な、途方もない
hospitality:
歓待、温かいもてなし

learn to do:
〜するようになる、〜できるようになる
appreciate:
〜の真価を認める、〜のよさを理解する
company:
親交、友好
hometown:
故郷の町

プラハ演説
「核なき世界を目指す」

　このように盛大な歓迎をいただき、ありがとうございます。プラハの皆さん、ありがとうございます。チェコ共和国国民の皆さん、ありがとうございます。

　今日、私は、ヨーロッパのど真ん中に位置するこの大都市の中心部で、こうして皆さんの前に立てることを誇りに思っています。また、私の前任者のひとりの言いぐさをまねれば、ミシェル・オバマをプラハに連れてきた男であることを誇りに思っています。

　大統領閣下、首相閣下、そしてご臨席の政府要人の皆さん、非常に温かいおもてなしにお礼を申し上げます。そしてチェコ共和国国民の皆さん、皆さんの米国への友情にお礼を申し上げます。

　私は、地元シカゴで長年暮らす間に、チェコの人たちは人付き合いがよくて陽気だということを理解するようになりました。私の背後にある立像はチェコ国民の英雄——トマーシュ・マサリク氏ですね。1918年、米国がチェコの独立を支持すると誓ったのを受けて、マサリク氏はシカゴの群衆を前に演説をしましたが、その群衆の数はおよそ10万人以上とされています。私がマサリク氏の記録に匹敵することはありえないと思いますが、シカゴからプラハへと彼の足跡をたどることは光栄に思っています。

---

statue: 像、立像
hero: 英雄、ヒーロー
Tomas Masaryk: トマーシュ・マサリク　▶チェコスロバキア共和国の初代大統領。
pledge: 〜を誓約する、確約する
support: 支持、支援
independence: 独立、自立
crowd: 群衆、聴衆
estimate...to be: …を〜であると見積もる、推測する
match: 〜に匹敵する、〜と対等である
record: 記録
be honored to do: 〜することを光栄に思う
follow: (道などを)たどる
footstep: 足跡

Prague Speech: A World Without Nuclear Weapons

■プラハは不屈の精神を示す生きた記念碑

For over a thousand years, Prague has set itself apart from any other city in an...any other place. You've known war and peace; you've seen empires rise and fall; you've led revolutions in the arts and science, in politics and in poetry. Through it all, the people of Prague have insisted on pursuing their own path and defining their own destiny. And this city—this Golden City which is both ancient and youthful—stands as a living monument to your unconquerable spirit.

When I was born, the world was divided and our nations were faced with very different circumstances. Few people would've predicted that someone like me would one day become the President of the United States. Few people would've predicted that an American President would one day be permitted to speak to an audience like this in Prague. Few would've imagined that the Czech Republic would become a free nation, a member of NATO, a leader of a united Europe. Those ideas would've been dismissed as dreams.

---

set A apart from B:
AをBと区別する、AをBから際立たせる
war:
戦争
empire:
帝国
rise and fall:
上がり下がり、盛衰
lead A in B:
AをBにもたらす
revolution:
革命
politics:
政治
poetry:
詩、詩作
insist on:
〜を強く主張する、要求する
pursue:
〜を追求し続ける、追い求める
path:
（行動などの）道筋、方向性
define:
〜を定義する、〜の意味を明らかにする
destiny:
運命

プラハ演説
「核なき世界を目指す」

　1000年以上にわたって、プラハは、ほかのいかなる地域のいかなる都市とも異なる道を歩んできました。戦争も平和も体験してきました。いくつもの帝国の盛衰を目の当たりにしてきました。芸術と科学、政治と詩学の世界に革命をもたらしてきました。そうした中で常に、プラハの皆さんは、自らの道を追求し、自らの運命は自ら切り開くということにこだわってきました。そして、この都市――古い歴史と若さを併せ持つ、この「黄金の都」――は、皆さんの不屈の精神を示す生きた記念碑となっています。

　私が生まれたとき、世界は分裂しており、国々は今とは非常に異なる状況に直面していました。いつの日か私のような人間がアメリカ大統領になると予想した人は、ほとんどいなかったでしょう。いつの日かアメリカ大統領がこのようなプラハの聴衆を前に話をすることが許されるようになると予想した人は、ほとんどいなかったでしょう。そして、チェコ共和国が自由な国となり、北大西洋条約機構（NATO）の一員となり、統一ヨーロッパの指導的存在になると予想した人は、ほとんどいなかったでしょう。そういう考えは夢物語だとして片づけられたでしょう。

---

ancient:
古くからの、由緒ある
youthful:
若い、若々しい
monument:
（人・事件などの）記念碑
unconquerable:
征服しがたい、抑制できない
spirit:
精神

divided:
分裂した、分離した
be faced with:
～に直面している
circumstances:
状況、環境
predict that:
～であると予言する、予報する
permit...to do:
…に～することを許す、許可する

imagine that:
～であると想像する、推測する
NATO:
= North Atlantic Treaty Organization　北大西洋条約機構
united:
統一された、連合した
dismiss A as B:
A（意見など）をBだとして片づけてしまう、退けてしまう

PRAGUE SPEECH: A World Without Nuclear Weapons

■プラハの現在をもたらしたもの

We are here today because enough people ignored the voices who told them that the world could not change.

We're here today because of the courage of those who stood up and took risks to say that freedom is a right for all people, no matter what side of a wall they live on and no matter what they look like.

We are here today because of the Prague Spring, because the simple and principled pursuit of liberty and opportunity shamed those who relied on the power of tanks and arms to put down the will of a people.

We are here today because, 20 years ago, the people of this city took to the streets to claim the promise of a new day and the fundamental human rights that had been denied them for far too long. *Sametova revoluce*, the Velvet...the Velvet Revolution, taught us many things. It showed us that peaceful protest could shake the foundations of an empire and expose the emptiness of an ideology. It showed us that small countries can play a pivotal role in world events and that young people can lead the way in overcoming old conflicts. And it proved that moral leadership is more powerful than any weapon.

---

ignore:
〜を無視する、黙殺する
courage:
勇気
Prague Spring:
プラハの春 ▶チェコスロバキアの自由化政策(1968年)。ソ連軍侵略で挫折した。
principled:
原則に基づいた、主義に基づいた
pursuit:
追求
shame:
〜を恥じ入らせる
rely on:
〜に頼る、〜を当てにする
put down:
(反乱などを)鎮圧する、抑え込む
take to the streets:
街頭に出てデモをする
claim:
〜を(当然の権利として)要求する
promise:
約束、将来の保証
fundamental human rights:
基本的人権
deny A B:
A(人)にBを与えない

プラハ演説
「核なき世界を目指す」

　私たちが今日ここにいるのは、世界が変わることなどありえないと語りかけてくる声を無視した人が大勢いたおかげです。

　私たちが今日ここにいるのは、勇気ある人たちが立ち上がり、そして危険を冒しながら、自由はすべての人に与えられた権利であり、壁のどちら側に住んでいるかや外見がどうであるかは関係ない、と主張したおかげです。

　私たちが今日ここにいるのは、「プラハの春」のおかげですあり、自由と機会をゆるぎない思いでひたすら追求することが、戦車と武器の力に頼って国民の意志を弾圧しようとする人々に恥ずかしい思いをさせたおかげです。

　私たちが今日ここにいるのは、今から20年前に、この地の市民が街頭デモを繰り広げ、新しい時代の訪れの約束と、あまりの長きにわたって与えられずにきた彼らの基本的人権とを要求したおかげです。「サメトヴァー・レボルーツェ」すなわちビロード……ビロード革命は、私たちに多くのことを教えてくれました。平和的な抗議が帝国の土台をゆるがせ、イデオロギーのむなしさを明るみに出しうることを示してくれました。小さな国々が世界的事件の中心的役割を果たしうること、そして旧来の対立を克服する道では若者が先導役になりうることを示してくれました。さらに、精神的なリーダーシップはいかなる武器よりも強力であるということを証明してくれたのです。

Sametova revoluce:
≪チェコ語≫= Velvet Revolution ビロード革命　▶1989年11月に起こったチェコスロバキア（当時）における、共産党体制崩壊をもたらした民主化革命のこと。大きな流血に至る事態は起こらなかったことから、軽く柔らかなビロード（ベルベット）の生地にたとえて名付けられた。

shake:
〜をゆるがせる、ぐらつかせる
foundation:
基礎、土台
expose:
〜を暴露する、露呈する
emptiness:
空虚さ、むなしさ
ideology:
イデオロギー、観念形態

pivotal:
極めて重要な、中枢的な
overcome:
〜を克服する、抑える
conflict:
（特に長期にわたる）争い、紛争
prove that:
〜であることを証明する
moral:
道徳上の、精神的な

Prague Speech: A World Without Nuclear Weapons

■私たちの世代がじっとしているというわけにはいかない

And that's why I am speaking to you in the center of a Europe that is peaceful, united and free—because ordinary people believed that divisions could be bridged, even when their leaders did not. They believed that walls could come down, that peace could prevail.

We are here today because Americans and Czechs believed, against all odds, that today could be possible.

We share this common history. But now this generation, our generation, cannot stand still. We, too, have a choice to make. As the world has become less divided it has become more interconnected. And we've seen events move faster than our ability to control them: a global economy in crisis, a changing climate, the persistent dangers of old conflicts, new threats and the spread of catastrophic weapons.

peaceful: 平和な、のどかな **ordinary:** 普通の、平凡な **division:** 分裂、分離 **bridge:** 〜に橋渡しをする、〜のみぞを埋める	**come down:** （建物などが）倒される **prevail:** 圧倒する、勝ち残る **against all odds:** 多大な困難にもかかわらず、あらゆる予想を覆して **share:** 〜を共有する、分かち合う	**common:** 共通の、共有の **generation:** 世代 **stand still:** じっとしている、活動しないでいる **make a choice:** 選択する、選び取る

プラハ演説
「核なき世界を目指す」

　だからこそ、平和で統一された自由なヨーロッパの中心で、私が皆さんにお話しすることができているのです――普通の人々が、指導者たちが信じなかったときにさえ、分裂に橋をかけることができると信じたからです。彼らが、壁を崩壊させることができると信じ、平和が最後には勝てると信じたからなのです。

　私たちが今日ここにいるのは、あらゆる困難にもかかわらず、アメリカとチェコの人々が、この日が来ることを信じたからです。

　私たちは、こうした歴史を共有しています。しかし今のこの世代が、つまり私たちの世代がじっとしているというわけにはいきません。私たちにも、なすべき選択があるのです。世界が統合されていくにつれ、相互のつながりが増しています。そして、私たちはこちらの制御能力を超えた速さで事態が進展していくのを目の当たりにしてきました。すなわち世界的な経済危機、気候変動、旧来の対立という根強い脅威、新たな脅威、大量破壊兵器の拡散などです。

divided: 分裂した、分離した **interconnected:** 相互に連結した、相関した **event:** 出来事、事件 **ability to do:** ～する能力 **control:** ～を制御する、管理する	**crisis:** 《複数形 crises》危機、難局 **climate:** 気候 **persistent:** 持続性の、永続的な **conflict:** (特に長期にわたる) 争い、紛争 **threat:** 脅威、おそれ	**spread:** 広がること、拡散 **catastrophic:** 破壊的な、壊滅的な **weapon:** 武器、兵器

PRAGUE SPEECH: A World Without Nuclear Weapons

■国境を越えて協調した行動を取る必要がある

None of these challenges can be solved quickly or easily. But all of them demand that we listen to one another and work together; that we focus on our common interests, not on occasional differences; and that we reaffirm our shared values, which are stronger than any force that could drive us apart. That is the work that we must carry on. That is the work that I have come to Europe to begin.

To renew our prosperity, we need action coordinated across borders. And that means investments to create new jobs. That means resisting the walls of protectionism that stand in the way of growth. That means a change in our financial system, with new rules to prevent abuse and future crisis. And we have an obligation to our common prosperity and our common humanity to extend a hand to those emerging markets and impoverished people who are suffering the most—even though they may have had very little to do with financial crises, which is why we set aside over a trillion dollars for the International Monetary Fund earlier this week to make sure that everybody, everybody, receives some assistance.

---

challenge:
難題、難しい課題
solve:
〜を解決する、解く
focus on:
〜に集中する、焦点を合わせる
interests:
利害関係
occasional:
時折の、たまの

reaffirm:
〜を再確認する
force:
力、影響力
drive A B:
AをBの状態に追いやる
apart:
ばらばらに、ちりぢりに
carry on:
〜を処理する、進行させる

renew:
〜を復活させる、更新する
prosperity:
繁栄
coordinated:
協調した、連携した
investment:
投資
resist:
〜に抵抗する

プラハ演説
「核なき世界を目指す」

　いずれの課題も、すぐに解決できたり容易に解決できたりするものではありません。しかし、どの課題をとってみても、私たちが互いに相手の意見に耳を傾けて協力することが必要ですし、時に生じる意見の相違にではなく共通の利害に焦点を当てることが必要です。また、私たちを分裂させうるいかなる力よりも強い、共通の価値観を再確認することが必要です。それこそが、私たちが取り組んでいかなければならない仕事なのです。その仕事を始めるためにこそ、私はヨーロッパに来ているのです。

　私たちが新たな繁栄を築くためには、国境を越えて協調した行動を取ることが必要です。それはすなわち、新たな雇用を生み出すために投資するということです。成長の妨げとなる保護主義の壁に抵抗するということです。金融システムを改革し、乱用と今後の危機を防止するために新たなルールを設けるということです。また、私たちは共通の繁栄と共通の人間性に対する義務を負っており、新興市場や、最も苦しんでいる貧しい人々に手を差し伸べるべきです——彼らはおそらく金融危機に関係するようなことはほとんど何もしなかったにもかかわらず苦しめられているのです——ですから、今週前半、私たちは国際通貨基金向けの予算として1兆ドル以上を確保し、誰もが、まさに誰もが一定の援助を確実に受けられるようにしました。

---

protectionism:
保護主義、保護貿易主義
stand in the way of:
～の障害になる、妨げになる
financial:
財政上の、金融上の
prevent:
～を防ぐ、予防する
abuse:
乱用、悪用

obligation:
義務、責任
extend:
(手足などを)伸ばす
emerging:
発展段階の、新興の
impoverished:
貧窮化した、貧困に陥った
suffer:
苦しむ、悩まされる

have A to do with B:
BとA(程度など)だけ関係がある、関係している
set aside:
～を取っておく、確保する
trillion:
1兆
the International Monetary Fund:
国際通貨基金　▶通称IMF。

Prague Speech: A World Without Nuclear Weapons

■エネルギー消費の転換を図ろう

Now, to protect our planet, now is the time to change the way that we use energy. Together...together, we must confront climate change by ending the world's dependence on fossil fuels, by tapping the power of new sources of energy like the wind and sun, and calling upon all nations to do their part. And I pledge to you that in this global effort, the United States is now ready to lead.

To provide for our common security, we must strengthen our alliance. You know, NATO was founded 60 years ago, after Communism took over Czechoslovakia. That was when the free world learned, too late, that it could not afford division. So we came together to forge the strongest alliance that the world has ever known. And we should...stood shoulder to shoulder, year after year, decade after decade, until an Iron Curtain was lifted and freedom spread like flowing water.

---

protect:
〜を守る、保護する
planet:
惑星
confront:
〜と対決する、争う
climate change:
気候変動
end:
〜を終える、やめる

dependence on:
〜への依存、〜に頼ること
fossil fuel:
化石燃料
tap:
〜を開発する、活用する
source:
資源、源泉
call upon...to do:
…に〜するよう求める、訴える

do one's part:
自分の役目を果たす
pledge to...that:
〜であることを…に対して明言する、確約する
be ready to do:
〜する準備ができている
provide:
〜を提供する、供給する

プラハ演説
「核なき世界を目指す」

　さて、この地球を守るためには、今こそ私たちのエネルギー消費のあり方を変えるべき時なのです。共に……共に気候変動に対処するため、私たちは化石燃料への世界的な依存をやめ、風力や太陽光などの新たなエネルギー資源の力を活用すべきですし、すべての国がそれぞれの責任を果たすように呼びかけるべきなのです。そして皆さんに誓って申し上げておきますが、こうした世界的な努力において、米国は先頭に立つ用意をすでに終えています。

　共通の安全保障を提供するために、私たちは同盟を強化しなければなりません。ご承知のように、NATOが設立されたのは今から60年前、共産主義がチェコスロバキアに支配権を確立した後でした。そのとき自由主義世界は、遅きに失しながらも学び知ったのです、分裂などしている場合ではないのだと。そこで私たちは団結し、史上最強といえる同盟を生み出しました。そして、私たちは……一致協力しての闘いを何年間も何十年間も続け、遂には鉄のカーテンが開かれ、自由が流れる水のように広がっていったのです。

---

strengthen:
〜を強くする、強化する
alliance:
同盟、連合
found:
〜を設立する、創設する
Communism:
共産主義、コミュニズム
take over:
〜の支配権を得る

Czechoslovakia:
チェコスロバキア　▶1993年にチェコとスロバキアに分離。
cannot afford:
〜の余裕がない
forge:
（関係などを）生み出す、築く
stand shoulder to shoulder:
一致協力する、協力し合って戦う

decade:
10年間
Iron Curtain:
鉄のカーテン　▶旧ソ連圏と西欧諸国の間の情報封鎖を指す。
lift:
（規制などを）取り払う、なくす
flowing:
流れている

PRAGUE SPEECH: A World Without Nuclear Weapons

■NATOの一員として

    This marks the 10th year of NATO membership for the Czech Republic. And I know that, many times in the 20th century, decisions were made without you at the table. Great powers let you down or determined your destiny without your voice being heard. I am here to say that the United States will never turn its back on the people of this nation. We are bound by shared values, shared history...We are bound by shared values and shared history and the enduring promise of our alliance. NATO's Article 5 states it clearly: An attack on one is an attack on all. That is a promise for our time, and for all time.

---

mark:
（記念の年などに）当たる、（記念行事などを）祝う
membership:
会員であること、会員資格

make a decision:
決断する、決定する
let...down:
…の期待を裏切る、…を失望させる

determine:
〜を確定する、決定する
destiny:
運命
voice:
発言、言い分

プラハ演説
「核なき世界を目指す」

　今年は、チェコ共和国のNATO加盟10周年に当たります。そして、20世紀には皆さんを議論の場につかせることなく決定が下されたことが何度もあったと存じています。大国が皆さんの期待を裏切ったり、皆さんの意見を聞くことなしに皆さんの運命を決めてしまったのです。私はここで申し上げておきますが、米国がこの国の人々に背を向けることは決してありません。私たちは共通の価値観、共通の歴史によって結ばれています……私たちは共通の価値観と共通の歴史、そして永続的な同盟の約束によって結ばれているのです。北大西洋条約の第5条には、こう明記されています。すなわち、一加盟国に対する武力攻撃は全加盟国に対する攻撃とみなされるのです。これは、今の時代にも、そしていつの時代にも適用される約束です。

turn one's back on: 〜に背を向ける、〜を見捨てる **be bound by:** 〜で結ばれている **shared:** 共通の、共有の	**enduring:** 永続的な、永遠の **promise:** 約束 **article:** 条文	**state:** 〜を明言する、正式に述べる **clearly:** 明確に、はっきりと **attack on:** 〜への攻撃

PRAGUE SPEECH: A World Without Nuclear Weapons

■テロとの戦いへの参加に敬意を表する

   The people of the Czech Republic kept that promise after America was attacked. Thousands were killed on our soil, and NATO responded. NATO's mission in Afghanistan is fundamental to the safety of people on both sides of the Atlantic. We are targeting the same al Qaeda terrorists who have struck from New York to London and helping the Afghan people take responsibility for their future. We are demonstrating that free nations can make common cause on behalf of our common security. And I want you to know that we honor the sacrifices of the Czech people in this endeavor and mourn the loss of those you've lost.

attack: 〜を攻撃する、襲撃する **soil:** 土地、国土 **respond:** 反応する、応答する **mission:** 任務	**be fundamental to:** 〜の基礎となる、〜の土台をなす **safety:** 安全、無事 **the Atlantic:** 大西洋 **target:** 〜を標的にする	**al Qaeda:** アルカイダ　▶イスラム原理主義の国際的なテロ組織。 **terrorist:** テロリスト、暴力革命主義者 **strike:** 〜に一撃を加える、〜を攻撃する

プラハ演説
「核なき世界を目指す」

　アメリカが攻撃を受けたとき、チェコ共和国の人々はこの約束を守ってくれました。米国の国土で何千人もが殺されたとき、NATOはそれに呼応してくれたのです。アフガニスタンでNATOが担っている任務は、大西洋の両側の人々にとって安全保障の土台となるものです。私たちは、ニューヨークからロンドンまでの各地を攻撃してきた同一組織アルカイダのテロリストを標的としつつ、アフガンの人々が自らの将来に責任を負えるよう支援しています。私たちは、自由主義諸国が、共通の安全保障のために共同戦線を張れることを実証しています。そして皆さんにお伝えしておきたいのですが、米国民は、この試みの中でチェコ国民が払った犠牲に敬意を表するとともに、お亡くなりになった皆さんの大切な方々に対し哀悼の意を表します。

Afghan:
アフガニスタンの、アフガンの
take responsibility for:
〜の責任を負う、〜について責任を持つ
future:
未来、将来

demonstrate that:
〜であることを立証する、実地で示す
make common cause:
提携する、共同戦線を張る
on behalf of:
〜のために
honor:
〜に敬意を払う、〜を称える

sacrifice:
犠牲
endeavor:
(真剣な)努力、試み
mourn:
〜を追悼する、嘆き悲しむ
loss:
犠牲者、死傷者

PRAGUE SPEECH: A World Without Nuclear Weapons

■冷戦の悪しき遺産としての核兵器

But no alliance can afford to stand still. We must work together as NATO members so that we have contingency plans in place to deal with new threats, wherever they may come from. We must strengthen our cooperation with one another and with other nations and institutions around the world to confront dangers that recognize no borders. And we must pursue constructive relations with Russia on issues of common concern. Now, one of those issues that I'll focus on today is fundamental to the security of our nations and to the peace of the world: That's the future of nuclear weapons in the 21st century.

The existence of thousands of nuclear weapons is the most dangerous legacy of the Cold War. No nuclear war was fought between the United States and the Soviet Union, but generations lived with the knowledge that their world could be erased in a single flash of light. Cities like Prague that had existed for centuries, that embodied the beauty and the talent of so much of humanity, would've ceased to exist.

---

can afford to do:
〜する余裕がある、〜できる
stand still:
じっとしている、活動しないでいる
contingency plan:
非常事態計画、危機管理計画
in place:
用意が整って、準備万端で

deal with:
〜を扱う、〜に対処する
threat:
脅威、おそれ
wherever:
どこで〜しても
cooperation:
協力、強調
institution:
機関、組織

recognize:
〜を認識する、悟る
constructive:
建設的な、発展的な
relation:
関係、関連
issue:
論点、問題
concern:
懸念、心配

プラハ演説
「核なき世界を目指す」

　とはいえ、じっと静かにしている余裕はどの同盟国にもありません。私たちはNATO加盟国として協力し合い、新しい脅威がどこから発生しようとも、それに対処するための危機管理計画を備えておけるようにしなければなりません。私たちは相互の協力を強めるとともに、世界中の国や機関との協力を強め、国境を意に介さないような危険と対決しなければなりません。そして、共通の懸念事項に関して、ロシアと建設的な関係を追求しなければなりません。

　さて、私が今日のお話の焦点にしようとしている問題のひとつは、この両国の安全保障の、そして世界平和の土台となるものです。すなわち、21世紀における核兵器の未来です。

　何千発もの核兵器の存在は、冷戦の最も危険な遺産です。米国とソ連の間に核戦争は起きていませんが、何世代もの人々が、この世界は一瞬の閃光（せんこう）の下に消えてなくなることがありうるのだと思いながら生きてきたのです。プラハのように何世紀にもわたって存在し、人類の美しさと才能をよく体現した都市が存在しなくなった可能性もあったのです。

---

existence:
存在
dangerous:
危険な、危ない
legacy:
遺産、遺物
the Cold War:
（米国と旧ソ連との）冷戦　▶武力によらず外交・宣伝などによって行う神経戦。

fight:
〜を戦う
Soviet Union:
ソビエト連邦、ソ連　▶1922年に成立した世界最初の社会主義国。1991年に解体し、ロシア、ウクライナ、ベラルーシ共和国などで独立国家共同体（CIS）を創設。
knowledge:
知識

erase:
〜を消し去る、消滅させる
flash:
閃光（せんこう）、きらめき
exisist:
存在する
embody:
〜を体現する、具体化する
cease to do:
〜するのをやめる、〜しなくなる

PRAGUE SPEECH: A World Without Nuclear Weapons

■闇市場に核兵器があふれている時代

　Today, the Cold War has disappeared, but thousands of those weapons have not. In a strange turn of history, the threat of global nuclear war has gone down, but the risk of a nuclear attack has gone up. More nations have ac...acquired these weapons. Testing has continued. Black-market trade in nuclear secrets and nuclear materials abound. The technology to build a bomb has spread. Terrorists are determined to buy, build or steal one. Our efforts to contain these dangers are centered on a global non-proliferation regime. But as more people and nations break the rules, we could reach the point where the center cannot hold.

　Now, understand. This matters to people everywhere. One nuclear weapon exploded in one city—be it New York or Moscow, Islamabad or Mumbai, Tokyo or Tel Aviv, Paris or Prague—could kill hundreds of thousands of people. And no matter where it happens, there is no end to what the consequences might be for our global safety, our security, our society, our economy, to our ultimate survival.

disappear: 姿を消す、存在しなくなる	**testing:** 実験、試験	**spread:** ①広がる、拡散する　②広がり、拡散
strange turn of: 〜の妙な展開、不思議な流れ	**continue:** 続く、継続する	**be determined to do:** 〜することを決心している
go down: 低下する、減る	**black-market:** 闇市場の、非合法市場の	**steal:** 〜を盗む
go up: 上昇する、増す	**abound:** たくさんある、多い	**contain:** 〜を阻止する、食い止める
acquire: 〜を獲得する、手に入れる	**bomb:** 爆弾	

プラハ演説
「核なき世界を目指す」

　今日、冷戦はなくなりましたが、何千発もの核兵器はなくなっていません。歴史の不思議な流れにより、世界規模の核戦争の脅威は低下しましたが、核攻撃の危険性は高まっています。そうした兵器を手に入れた国が増えているのです。核実験が続けられています。闇市場には、核の機密や核物質の取引があふれています。核爆弾の製造技術が拡散しています。テロリストは、核爆弾を購入したり、製造したり、盗んだりする決意を固めています。こうした危険を封じ込めるための私たちの努力では、全世界的な不拡散体制が軸となっています。しかし、規則を破る人々や国家が増えるにつれて、この軸が持ちこたえられなくなる時期が来る可能性があるのです。

　さて、理解しておいてください。これは、世界のどこにいる人にとっても重要な問題なのです。ひとつの都市で1発の核兵器が爆発すれば——それがニューヨークでもモスクワでもイスラマバードでもムンバイでも東京でもテルアビブでもパリでもプラハでも——何十万もの人々が亡くなる可能性があります。そして、それがどこで発生しようとも、世界の安全、安全保障、社会、経済にとって起こりうる結果がどんなものか、つまり究極的には私たちの生存への影響はどうなるのかについては、際限がないのです。

---

center A on B:
AをBの中心にする
non-proliferation:
拡散防止の
regime:
体制、管理形態
hold:
持ちこたえる
matter to:
〜にとって重大である

explode:
爆発する
Islamabad:
イスラマバード　▶パキスタンの首都。
Mumbai:
ムンバイ　▶インド最大の都市。
Tel Aviv:
テルアビブ　▶イスラエル最大の都市。

no matter where:
たとえどこで〜でも
consequence:
結果、成り行き
ultimate:
最終的な、究極的な
survival:
生存、生き残り

Prague Speech: A World Without Nuclear Weapons

■米国には核への道義的責任がある

Some argue that the spread of these weapons cannot be stopped, cannot be checked, that we are destined to live in a world where more nations and more people possess the ultimate tools of destruction. Such fatalism is a deadly adversary. For, if we believe that the spread of nuclear weapons is inevitable, then, in some way, we are admitting to ourselves that the use of nuclear weapons is inevitable.

Now, just as we stood for freedom in the 20th century, we must stand together for the right of people everywhere to live free from fear in the 21st century. And as nuclear power...as...as a nuclear power, as the only nuclear power to have used a nuclear weapon, the United States has a moral responsibility to act. We cannot succeed in this endeavor alone, but we can lead it, we can start it.

argue that: 〜であると主張する	**tool:** 道具	**adversary:** 敵、敵対者
check: 〜を抑制する、阻止する	**destruction:** 破壊、破滅	**inevitable:** 避けられない、免れがたい
be destined to do: 〜する運命にある	**fatalism:** 運命論	**in some way:** ある意味では、ある程度は
possess: 〜を所有する、保有する	**deadly:** 極めて有害な、命取りになる	**admit to oneself that:** 〜であると自ら認める、白状する

プラハ演説
「核なき世界を目指す」

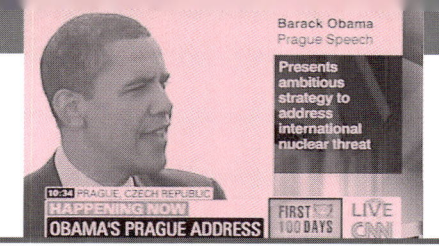

　こうした兵器の拡散を止めることはできないし抑制することもできない、つまり私たちは究極の破壊手段を持った国家や人々がどんどん増加する世界に生きる運命にあるのだ、と主張する人もいます。このような運命論は、極めて危険な敵です。なぜなら、核兵器の拡散は避けられないと信じたとしたら、それはある意味、核兵器の使用は避けられないと自ら認めることになるからです。

　さて、20世紀に自由のために闘ったのとちょうど同じように、私たちは21世紀にも世界中の人々が恐怖のない日々を送る権利のために共に闘わなければなりません。核保有国として……一核保有国として、核兵器を使用したことのある唯一の核保有国として、米国には行動する道義的責任があります。わが国だけではこの取り組みを成功させることはできませんが、その先頭に立つことはできますし、取り組みを始めることはできます。

freedom: 自由、自由な状態 **stand for:** 〜を求めて立ち上がる、〜のために戦う **right:** 権利	**(be) free from:** （心配・苦痛などから）免れる **nuclear power:** 核保有国 **moral responsibility:** 道義的責任	**act:** 行動する **succeed in:** 〜に成功する **endeavor:** （真剣な）努力、試み

Prague Speech: A World Without Nuclear Weapons

■核なき世界を実現するための道筋

So, today, I state clearly and with conviction America's commitment to seek the peace and security of a world without nuclear weapons. I'm not naive. This goal will not be reached quickly, perhaps not in my lifetime. It will take patience and persistence. But now we, too, must ignore the voices who tell us that the world cannot change. We have to insist, "Yes, we can."

Now, let me describe to you the trajectory we need to be on. First, the United States will take concrete steps towards a world without nuclear weapons. To put an end to Cold War thinking, we will reduce the role of nuclear weapons in our national security strategy and urge others to do the same. Make no mistake: As long as these weapons exist, the United States will maintain a safe, secure and effective arsenal to deter any adversary and guarantee that defense to our allies, including the Czech Republic, but we will begin the work of reducing our arsenal.

---

state:
〜をはっきり述べる
with conviction:
確信を持って
commitment:
献身、傾倒
seek:
〜を求める、追求する
naive:
世間知らずの、甘い考えの

reach:
（目的などを）達成する
in one's lifetime:
生きている間に
patience:
忍耐強さ
persistence:
粘り強さ

ignore:
〜を無視する
insist:
〜を主張する、強調する
trajectory:
経路、道筋
take steps towards:
〜に向けて対策を講じる

プラハ演説
「核なき世界を目指す」

　ですから今日、私ははっきりと、確信を持って申し上げますが、アメリカは平和で安全な核兵器なき世界の追求に全力で取り組みます。私は甘い考えを持ってはいません。この目標はすぐに達成できるものではなく、おそらく私が生きているうちは無理でしょう。この目標を達成するには、忍耐力と粘り強さが必要です。しかし同時に、私たちには耳を貸さないことも必要なのです、「世界が変わるはずはない」と告げる声に対して。そして、断言しなくてはなりません、「私たちにはできる」と。

　さて、私たちが進むべき道筋について説明したいと思います。第1に、米国は核兵器なき世界の実現に向けて具体策を講じます。冷戦時代の考え方に終止符を打つために、私たちは国家安全保障戦略における核兵器の役割を縮小し、他国にも同様の措置を取ることを求めます。はっきりさせておきましょう。こうした兵器が存在する限り、米国は安全性が高く効果的な兵器を保持して、いかなる敵をも阻止できますし、チェコ共和国を含めた同盟諸国に対してもそうした防衛を保証できますが、それでもわが国は核保有量を削減する努力を開始するのです。

---

concrete: 具体的な、詳細な
reduce: 〜を減らす、縮小する
urge...to do: …に〜するよう強く促す
make no mistake: 間違えない、失敗しない

maintain: 〜を保持する
secure: ①安全な、危険のない ②〜を安全にする
effective: 効果的な
arsenal: 保有兵器

deter: 〜を防ぐ、抑止する
guarantee: 〜を保証する
defense: 防御、防衛
ally: 同盟国

PRAGUE SPEECH: A World Without Nuclear Weapons

■米国は包括的核実験禁止条約の批准を推し進める

　To reduce our warhaird...war...warheads and stockpiles, we will negotiate a new Strategic Arms Reduction Treaty with the Russians this year. President Medvedev and I began this process in London and will seek a new agreement by the end of this year that is legally binding and sufficiently bold. And this will set the stage for further cuts, and we will seek to include all nuclear-weapon states in this endeavor.

　To achieve a global ban on nuclear testing, my administration will immediately and aggressively pursue U.S. ratification of the Comprehensive Test Ban Treaty. After more than five decades of talks, it is time for the testing of nuclear weapons to finally be banned. And to cut off the building blocks needed for a bomb, the United States will seek a new treaty that verifiably ends the production of fi...fissile materials intended for use in state nuclear weapons. If we are serious about stopping the spread of these weapons, then we should put an end to the dedicated production of weapons-grade materials that create them. That's the first step.

---

warhead:
（ミサイルなどの）実弾頭
stockpile:
（弾薬などの）貯蔵量
negotiate:
〜について交渉する、協議する
Strategic Arms Reduction Treaty:
戦略兵器削減条約　▶米国とソ連／ロシアとの間の軍縮条約の

ひとつでSTARTと略称される。
legally:
法的に
binding:
〈協定などが〉拘束力のある
sufficiently:
十分な
bold:
大胆な、挑戦的な

set the stage for:
〜の基をつくる
seek to do:
〜しようとする
achieve:
〜を達成する
ban:
①禁止　②〜を禁止する
administration:
政権

プラハ演説
「核なき世界を目指す」

　わが国の核弾頭および核保有量を削減するために、私たちは今年、ロシアと新たな戦略兵器削減条約（START）について協議します。メドベージェフ大統領と私は、ロンドンでこの作業を開始しました。私たちは、法的拘束力を持つと同時に相当思い切った内容となる新たな合意に、今年じゅうに達することができるよう努力します。この合意はさらなる削減に向けての契機となるはずであり、私たちはこの取り組みにすべての核兵器保有国の参加を促したいと考えています。

　核実験の世界的な禁止を実現するために、わが政権は直ちに、そして積極的に、米国の包括的核実験禁止条約（CTBT）批准を推し進めます。50年以上にわたって話し合いを続けてきた今こそ、核実験を最終的に禁止する時です。そして、核爆弾の製造に必要な物質の供給を断つために、米国は新たな条約（カットオフ条約）の締結に向けて努力します。それは、国家が持つ核兵器の原料となる核分裂物質の生産を、検証可能な形で終わらせるというものです。核兵器の拡散を本気で止めようとするなら、私たちは核兵器の製造にしか使われない兵器級物質の生産をやめるべきです。それが第一歩です。

---

immediately:
すぐに、直ちに
aggressively:
積極的に
pursue:
〜を推進する、追求する
ratification:
（条約・協定などの）批准、承認

Comprehensive Test Ban Treaty:
包括的核実験禁止条約　▶宇宙を含めたあらゆる空間での核実験を禁止する条約。略称CTBT。
cut off:
〜を断つ
building block:
（物質の）構成要素、単位

verifiably:
検証可能な形で
fissile:
核分裂する、核分裂性の
(be) intended for:
〜を目的としている
dedicated:
ある特定の目的用の
weapons-grade:
兵器級の

Prague Speech: A World Without Nuclear Weapons

■核不拡散条約を強化する

　Second, together we will strengthen the Nuclear Non-Proliferation Treaty as a basis for cooperation. The basic bargain is sound: Countries with nuclear weapons will move towards disarmament, countries without nuclear weapons will not acquire them, and all countries can access peaceful nuclear energy.

　To strengthen the treaty, we should embrace several principles. We need more resources and authority to strengthen international inspections. We need real and immediate consequences for countries caught breaking the rules or trying to leave the treaty without cause.

---

strengthen:
～を強める、強化する
Nuclear Non-Proliferation Treaty:
核不拡散条約　▶米国、ロシア、英国、フランス、中国の5カ国以外が核兵器を持つことを禁止する条約。核拡散防止条約ともいう。略称NPT。

as a basis for:
～の基礎として
bargain:
取引、駆け引き
sound:
正しい、理にかなった
move toward:
～に向かう、近づく

disarmament:
軍備縮小、軍備制限
acquire:
～を獲得する、手に入れる
access:
～を利用する

プラハ演説
「核なき世界を目指す」

　第2に、協力の基盤として、私たちは共に核不拡散条約（NPT）を強化します。この条約の基本的な取り決めは妥当なものです。核兵器を保有する国は軍縮に向かい、核兵器を持たない国はそれを入手しないようにする、そしてすべての国が原子力を平和利用できる、というものです。

　核不拡散条約を強化するために、私たちはいくつかの原則を受け入れなくてはなりません。国際査察を強化するための資金と権限がさらに必要です。規定を破ったことが発覚した国や理由なく条約から脱退しようとする国に対しては、即座に実質的な対応を取る必要があります。

---

embrace:
（主義などを）受け入れる
principle:
原則
resources:
資産、資金

authority:
権限
inspection:
監査、査察
immediate:
迅速な、すぐの

consequence:
結果、成り行き
catch...doing:
…が〜するのを捕らえる
without cause:
理由もなしに

PRAGUE SPEECH: A World Without Nuclear Weapons

■原子力を平和利用するために

And we should build a new framework for civil nuclear cooperation, including an international fuel bank, so that countries can access peaceful power without increasing the risk of proliferation. That must be the right of every nation that renounces nuclear weapons, especially developing countries embarking on peaceful programs. And no approach will succeed if it's based on the denial of rights to nations that play by the rules. We must harness the power of nuclear energy on behalf of our efforts to combat climate change and to advance peace and opportunity for all people. But we go forward with no illusions. Some countries will break the rules. That's why we need a structure in place that ensures, when any nation does, they will face consequences.

---

framework:
構造、体制
civil:
民生用の
fuel bank:
核燃料バンク ▶核燃料を外国からの輸入に頼った原発の新規導入国向けに、低濃度ウランの供給を保証する備蓄基地。

increase:
〜を増やす、増大させる
proliferation:
まん延、拡散
renounce:
〜を断念する、放棄する
especially:
特に、とりわけ
developing country:
開発途上国

embark on:
〜を開始する、〜に乗り出す
approach:
(問題などの) 取り上げ方、接近法
be based on:
〜に基礎を置く、〜に基づいている

プラハ演説
「核なき世界を目指す」

　また、私たちは、国際的な核燃料バンクなど、民生用原子力で協力するための新たな枠組みを構築すべきです。そうすれば、世界各国が核拡散の危険を高めることなく、原子力を平和利用できるようになります。それは核兵器を放棄したすべての国、とりわけ原子力の平和利用計画に着手している途上国の権利でなくてはなりません。そして、規定に従う国々の権利の否定に基づくものであれば、いかなる取り組みも成功しないでしょう。私たちは原子力の利用を、気候変動と闘うためのものに、そして平和と機会をすべての人に実現していくためのものにしなくてはなりません。とはいえ、私たちは前進するに当たって幻想を抱いてはいません。規定を破る国もあるでしょう。だからこそ、私たちは体制を整えて、いかなる国であろうと規定を破れば確実にその報いを受けるようにしなくてはならないのです。

---

denial:
否定
play by the rules:
ルールに従って行動する
harness:
（原子力・自然の力などを）利用する
on behalf of:
〜のために

combat:
〜と戦う、争う
climate change:
気候変動
advance:
〜を促進する
go forward:
前進する

illusion:
幻想、錯覚
need...in place:
…を設ける必要がある
ensure (that):
確実に〜であるようにする
face consequences:
（言行の）結果を引き受ける、報いを受ける

Prague Speech: A World Without Nuclear Weapons

■北朝鮮のミサイル発射実験には厳しく対処すべき

Just this morning, we were reminded again of why we need a new and more rigorous approach to address this threat. North Korea broke the rules once again by testing a rocket that could be used for long-range missiles. This provocation underscores the need for action, not just this afternoon at the U.N. Security Council but in our determination to prevent the spread of these weapons.

Rules must be binding. Violations must be punished. Words must mean something. The world must stand together to prevent the spread of these weapons. Now is the time for a strong international response...Now is the time for a strong international response, and North Korea must know that the path to security and respect will never come through threats and illegal weapons. All nations must come together to build a stronger global regime. And that's why we must stand shoulder to shoulder to pressure the North Koreans to change course.

---

remind A of B:
A(人)にBを思い出させる
rigorous:
厳格な、厳しい
address:
(課題などに)取り組む
long-range missile:
長距離ミサイル

provocation:
挑発、刺激
underscore:
〜を強調する、明白にする
U.N. Security Council:
国連安全保障理事会
determination:
決心、決意

prevent:
〜を防ぐ、防止する
binding:
拘束力のある、義務的な
violation:
(法律などの)違反、違反行為

プラハ演説
「核なき世界を目指す」

　ちょうど今朝、私たちは、このような脅威に立ち向かうための新しい、より厳格な取り組みが必要な理由を改めて思い知らされました。北朝鮮がまたしても規定を破り、長距離ミサイルに転用可能なロケットの発射実験を行ったのです。この挑発行為から行動の必要性が浮き彫りにされていますが、それはまさに今日の午後に開かれる国連安全保障理事会においてのみならず、核兵器の拡散を阻止しようとする私たちの決意においても必要なものです。

　規定は拘束力を持たなくてはなりません。違反行為は罰せられなくてはなりません。規定の内容にはそれなりの意味がなくてはなりません。全世界が一致団結して核兵器の拡散を阻止しなくてはなりません。今こそ断固たる国際的措置を講ずべき時……今こそ断固たる国際的措置を講ずべき時です。そして北朝鮮は理解しなくてはなりません、安全保障と尊敬を勝ち取る道は脅迫行為と違法兵器によっては開けないのだということを。すべての国が協力して、より強力な世界的体制を構築しなくてはなりません。だからこそ、私たちは手を携え、北朝鮮が方針を転換するよう圧力をかけなくてはならないのです。

---

punish:
〜を罰する
response:
反応、応答
path:
（目標・結果への）道筋

respect:
尊敬、敬意
illegal:
違法な
regime:
体制、管理形態

stand shoulder to shoulder to do:
一致協力して〜する
pressure...to do:
…に〜するよう圧力をかける
change course:
方向を転じる、方針を変える

Prague Speech: A World Without Nuclear Weapons

■イランへの関与を模索していく

    Iran has yet to build a nuclear weapon. My administration will seek engagement with Iran based upon mutual interests and mutual respect. We believe in dialogue; but in that dialogue, we will present a clear choice. We want Iran to take its rightful place in the community of nations, politically and economically. We will support Iran's right to peaceful nuclear energy with rigorous inspections. That's a path that the Islamic Republic can take. Or the government can choose increased isolation, international pressure and a potential nuclear arms race in the region that will increase insecurity for all.

    So let me be clear: Iran's nuclear and ballistic missile activity poses a real threat, not just to the United States but to Iran's neighbors and our allies. The Czech Republic and Poland have been courageous in agreeing to host a defense against these missiles. As long as the threat from Iran persists, we will go forward with a missile defense system that is cost-effective and proven. If...if the Iranian threat is eliminated, we'll...we will have a stronger basis for security, and the driving force for missile defense construction in Europe will be removed.

---

yet to do:
まだ〜していない
engagement:
関与、従事
mutual:
相互の、互いの
dialogue:
対話、会話
present:
〜を提示する、提起する

rightful:
正しい、適切な
rigorous:
厳しい、厳格な
inspection:
視察、査察
increased:
増加した、さらなる
isolation:
孤立

potential:
潜在的な、可能性のある
region:
(一定の境界を持つ)地域
insecurity:
不安定さ
ballistic missle:
弾道ミサイル
activity:
活動

プラハ演説
「核なき世界を目指す」

　イランは、まだ核兵器を製造していません。私の政権は、相互の利益と尊敬に基づきながら、イランへの関与を模索していきます。私たちは対話を信じていますが、その対話の中で明確な選択肢を提示するつもりです。私たちは、国際社会の中でイランが政治的にも経済的にも適切な位置を占めることを望んでいます。私たちは、厳しい査察を伴うのであれば、原子力エネルギーを平和的に利用するイランの権利を支持します。それこそが、イラン・イスラム共和国の取りうる道なのです。さもなければ、イラン政府に残された選択肢は、さらなる孤立と国際的な圧力、そしてすべての国々にとって危険を高めることになる、中東地域における潜在的核軍拡競争ということになります。

　ですから、はっきり言いましょう。イランの核開発や核弾道ミサイル開発は、米国だけでなく、イランの近隣諸国や米国の同盟諸国にも真の脅威をもたらすのです。チェコ共和国とポーランドは、こうしたミサイルに対する防衛システム構築に勇敢に同意してくれました。イランからの脅威が続く限り、私たちは、費用対効果が高くて実績のあるミサイル防衛システムの導入を推進します。イランの脅威がなくなれば、私たちの安全保障の基盤が強化されたことになり、ヨーロッパにミサイル防衛システムを配備する動機は失われます。

---

pose A to B: A（問題など）をBにもたらす	**defense:** 防衛、防御	**eliminate:** 〜を排除する、取り除く
courageous: 勇気のある、勇敢な	**as long as:** 〜である限り	**basis:** 土台、基盤
agree to do: 〜することに同意する	**persist:** 存続する、持続する	**driving force:** 原動力
host: 〜を主催する、〜の集団を組織する	**go forward with:** 〜を推し進める、推進する	**construction:** 構築、構築物
	cost-effective: 費用対効果のよい	**remove:** 〜を取り除く、なくならせる

PRAGUE SPEECH: A World Without Nuclear Weapons

■テロリストに核兵器を渡してはならない

So, finally, we must ensure that terrorists never acquire a nuclear weapon. This is the most immediate and extreme threat to global security. One terrorist with one nuclear weapon could unleash massive destruction. Al Qaeda has said it seeks a bomb and that it would have no problem with using it. And we know that there is unsecured nuclear material accross the globe. To protect our people we must act with a sense of purpose without delay. So, today, I am announcing a new international effort to secure all vulnerable nuclear material around the world within four years. We will set new standards, expand our cooperation with Russia, pursue new partnerships to lock down these sensitive materials.

We must also build on our efforts to break up black markets, detect and intercept materials in transit, and use financial tools to disrupt this dangerous trade. Because this threat will be lasting, we should come together to turn efforts such as the Proliferation Security Initiative and the Global Initiative to Combat Nuclear Terrorism into durable international institutions. And we should start by having a Global Summit on Nuclear Security that the United States will host within the next year.

---

ensure that:
確実に～であるようにする
acquire:
～を獲得する、手に入れる
extreme:
極端な、極度の
unleash:
～を引き起こす

massive:
大規模な
destruction:
破壊、破滅
unsecured:
安全でない、ちゃんと守られていない
purpose:
目的

delay:
遅れ、遅延
vulnerable:
攻撃されやすい、ぜい弱な
set:
（基準などを）設ける
expand:
～を拡大する

プラハ演説
「核なき世界を目指す」

　そして最後に、私たちは絶対にテロリストの手に核兵器が渡らないようにしなくてはなりません。これこそ世界の安全保障に対する最火急かつ最大の脅威です。ひとりのテロリストが核兵器をひとつ持てば、大規模な破壊が引き起こされかねません。アルカイダは核爆弾を求めているし、それを使用するのには何の障害もないと述べています。そして、世界中にしっかり管理されていない核物質があるということを私たちは知っています。自国の国民を守るためには、待ったなしの目的意識を持って行動しなくてはならないのです。そこで今日、私は宣言します、世界中のぜい弱な管理下にある核物質をすべて安全に管理するための新たな国際的活動を4年以内に開始すると。私たちは機微な核物質を厳重に管理するために、新たな基準を定め、ロシアとの協力関係を拡大し、新たな国とのパートナーシップを推進します。

　同時に、私たちは一層努力して核の闇市場を解体し、核物質の輸送を探知してこれを阻止し、金融手段を用いてこの危険な取引を停止させなくてはなりません。（核兵器がテロリストの手に渡る）脅威は今後も続くため、私たちは協力して、「拡散に対する安全保障構想」や「核テロリズムに対抗するためのグローバル・イニシアティブ」といった取り組みを、恒久的な国際機関に変えるべきです。ですから、私たちはその手始めとして「世界核安全保障サミット」を開催すべきであり、それを米国が1年以内に主催するつもりです。

---

lock down:
〜を閉じ込める
sensitive:
取り扱いに慎重を要する
break up:
〜を終わらせる、解体する
detect:
〜を見つける、見抜く

intercept:
〜を阻止する、妨げる
in transit:
輸送中の
financial tools:
金融手段
disrupt:
〜を中断させる、途絶させる

last:
続く、継続する
turn A into B:
AをBに変える
durable:
永続性のある
institution:
機関、組織

Prague Speech: A World Without Nuclear Weapons

■平和は追求し続けなければならない

Now, I know that there are some who will question whether we can act on such a broad agenda. There are those who doubt whether true international cooperation is possible, given the inevitable differences among nations. And there are those who hear talk of a world without nuclear weapons and doubt whether it's worth setting a goal that seems impossible to achieve.

But make...make no mistake: We know where that road leads. When nations and peoples allow themselves to be defined by their differences, the gulf between them widens. When we fail to pursue peace, then it stays forever beyond our grasp. We know the path when we choose fear over hope. To denounce or shrug off a call for cooperation is an easy but also a cowardly thing to do. That's how wars begin. That's where human progress ends.

question whether: 〜かどうかを問う、〜かどうかに疑いを持つ **act on:** 〜に基づいて行動する、〜について決定を下す **broad:** 広い、広範な	**agenda:** 議題、検討課題 **doubt whether:** 〜かどうかに疑問を持つ、〜かどうか疑う **given:** 〜を考慮すると、〜と仮定して **inevitable:** 避けられない、必然的な	**be worth doing:** 〜する価値がある **set a goal:** 目標を設定する **achieve:** 〜を達成する、成し遂げる **allow oneself to be:** 〜であるにまかせる、〜であるままにしておく

プラハ演説
「核なき世界を目指す」

　さて、私たちがこんなに幅広い課題に対して行動を起こせるのかと疑問を投げかける人もいるだろうと思います。国家間には必然的に相違が存在することを考えれば、真の国際協力が可能であるかどうか疑問を持つ人もいます。そして、核兵器のない世界の話を聞き、実現できそうもない目標を設定することに価値があるのか疑念を抱く人もいます。

　しかし、間違ってはいけません。そうした考え方の行き着く先は分かっています。国家や国民が相違点によって規定されるのをよしとしていたら、相互の隔たりは広がります。私たちが平和を追求しなかったら、平和は永久に私たちの手が届かないところにあることになります。希望ではなく恐怖を選んだときにどうなるかは分かっています。協力を求める声を非難したり無視したりするのは、たやすいことであると同時に、卑劣なことでもあります。そのようにして戦争は始まります。そこで人間の進歩は止まってしまうのです。

---

define:
〜を特徴づける、規定する
gulf:
大きな隔たり
widen:
広がる、拡大する
fail to do:
〜し損なう、〜することができない

forever:
永遠に、永久に
grasp:
（機会などを）とらえる力
choose A over B:
BよりもAを好む、BではなくAを選ぶ
fear:
恐れ、恐怖

denounce:
〜を公然と非難する、責める
shrug off:
〜を無視する、軽くあしらう
cowardly:
臆病な、意気地のない
progress:
進歩、発展

PRAGUE SPEECH: A World Without Nuclear Weapons

■共に手を携えれば、私たちにはできる

There is violence and injustice in our world that must be confronted. We must confront it, not by splitting apart but by standing together as free nations, as free people. I know that a call to arms can stir the souls of men and women more than a call to lay them down. But that is why the voices for peace and progress must be raised together.

Those are the voices that still echo through the streets of Prague. Those are the ghosts of 1968. Those were the joyful sounds of the Velvet Revolution. Those were the Czechs who helped bring down a nuclear-armed empire without firing a shot.

Human destiny will be what we make of it. And here, in Prague, let us honor our past by reaching for a better future. Let us bridge our divisions, build upon our hopes, accept our responsibility to leave this world more prosperous and more peaceful than we found it. Together we can do it.

Thank you very much. Thank you, Prague.

violence: 暴力	**arms:** 武器、兵器	**echo:** <音が>こだまする、残響として聞こえる
injustice: 不正、不法	**stir:** （火などを）かき立てる	**ghost:** ①幽霊　②かすかな名残り
confront: 〜に立ち向かう、〜と対決する	**soul:** 精神、魂	**joyful:** 喜びに満ちた、うれしそうな
split apart: ばらばらになる、四散する	**lay...down:** （武器などを）置く、捨てる	**bring down:** 〜を打倒する、崩壊させる
stand together: 結束する、団結する	**raise:** 〜を上げる、高く掲げる	

プラハ演説
「核なき世界を目指す」

　この世界には、立ち向かわなければならない暴力と不正があります。それに立ち向かうに当たって、私たちは、ばらばらになるのではなく、自由な国家、自由な国民として一致団結しなければなりません。武器を置くことを呼びかけるより、武器を取ることを呼びかける方が、男性であれ女性であれ感情をかき立てられるものです。だからこそ、平和と進歩を求める声が一緒に上げられなければならないのです。

　それは、今もプラハの街路にこだまする声です。それは1968年の亡霊です。それはビロード革命のときに聞こえた歓喜に満ちた声です。一度も発砲することなしに、核を保有する帝国の打倒に貢献したチェコの人々の声なのです。

　人間の運命は、私たちが自ら切り開くものです。そしてここプラハでは、より良い未来に至ろうと努力することによって、私たちの過去を栄誉あるものにしようではありませんか。私たちの間にあるみぞに橋を架け、希望を育て、もっと大きな繁栄と平和をこの世界にもたらす責任を引き受けようではありませんか。共に手を携えれば、私たちにはそれができます。

　どうもありがとうございました。プラハの皆さん、ありがとうございました。

（訳　編集部 [Track 02-11, 18, 20, 21] ／安野玲 [Track 12-17, 19]）

---

nuclear-armed:
核武装した、核兵器を持つ
fire:
〜を発砲する
shot:
砲弾
destiny:
運命、宿命

make A of B:
Bを使ってAを作る、BをAにする
reach for:
〜に手を伸ばす、〜を取ろうとする
bridge:
〜に橋渡しをする、〜の空隙を埋める

division:
分裂、分離
build upon:
〜を構築する、築き上げる
accept:
〜を受け入れる、引き受ける
prosperous:
豊かな、繁栄している

カイロ演説「イスラムとの新たな始まり」
CAIRO SPEECH: A New Beginning

1974年のニクソン以来、米国大統領としては35年ぶりに
エジプトの首都を訪れたオバマは、コーランの引用などを交えた55分にもおよぶ
熱のこもった演説で、新たな関係の構築をイスラム社会に呼びかけた。
9.11同時多発テロを契機に高まった宗教対立的な空気を払いつつ、
安全保障への脅威を取り去ろうとする姿勢からは、
「プラハ演説」と共通したものがうかがわれるだろう。

実施日：2009年6月4日（現地時間）　場所：エジプト・アラブ共和国カイロ市「カイロ大学ナセル講堂」
本書収録：抜粋して収録　　CD収録時間：17分2秒
写真提供：ロイター／アフロ

Cairo Speech: A New Beginning

■米国と世界中のイスラム教徒の間に新たな始まりを求める

Thank you so much. Good afternoon. I am honored to be in the timeless city of Cairo and to be hosted by two remarkable institutions. For over a thousand years, Al-Azhar has stood as a beacon of Islamic learning; and for over a century, Cairo University has been a source of Egypt's advancement. And together, you represent the harmony between tradition and progress. And I'm grateful for your hospitality and the hospitality of the people of Egypt. And I'm also proud to carry with me the goodwill of the American people and a greeting of peace from Muslim communities in my country: *Assalaamu alaykum.*

I've come here to Cairo to seek a new beginning between the United States and Muslims around the world—one based on mutual interest and mutual respect, and one based upon the truth that America and Islam are not exclusive and need not be in competition. Instead, they overlap and share common principles: principles of justice and progress, tolerance and the dignity of all human beings.

---

be honored to do: 〜することを光栄に思う
timeless: 不朽の、時間を超越した
host: 主人役として〜を接待する
remarkable: 注目に値する、優れた
institution: (教育的な) 機関、施設
Al-Azhar (University): アルアズハル大学 ▶975年設立で、現存する世界最古の大学のひとつとされる。イスラム教の最高教育機関。
beacon: 案内役、先導役
Islamic learning: イスラム学、イスラム教育
advancement: 進歩、向上
represent: 〜を象徴する、表す
be grateful for: 〜に対して感謝する
hospitality: 歓待、親切なもてなし
carry...with one: …を携える、携行する

カイロ演説
「イスラムとの新たな始まり」

　どうもありがとうございます。こんにちは。悠久の都であるカイロで、2つの素晴らしい教育機関からお招きをいただき、光栄に思っています。アルアズハル大学は、1000年以上もの間、イスラム教育の先導役を務めてきました。カイロ大学は、100年以上もの間、エジプトの進歩の源となってきました。そして、そのどちらもが、伝統と進歩の調和を象徴しています。私は、皆さんの温かいおもてなしに、そしてエジプト国民の皆さんの温かいおもてなしに感謝します。また、アメリカ国民の親善の意と、アメリカ国内のイスラム社会からの平和を祈るあいさつの言葉を携えてきたことを誇りに思います。アッサラーム・アライクム。

　私がここカイロへやってきたのは、米国と世界中のイスラム教徒の間に、新たな始まりを求めたからです——それは、相互の利益と尊敬に基づく新たな始まりであり、その始まりが基礎とする真実はアメリカとイスラムとは相いれない関係ではなく、必ずしも競合するものでもないということです。そうではなく、アメリカとイスラムは重なり合うものであり、同じ原則を共有しています。すなわち、正義と前進、寛容と全人類の尊厳という原則です。

---

goodwill: 親善、友好
greeting: あいさつ、あいさつの言葉
Muslim: イスラム教徒、ムスリム
Assalaamu alaykum: ▶ アッサラーム・アライクム いろいろな状況で使われるアラビア語のあいさつ。「平和があなたの上にありますように」の意。
mutual: 相互の、互いの
exclusive: 排他的な、排外的な
competition: 競争、競争関係
instead: そうではなくて、その代わりに
overlap: 重なり合う、共通部分がある
principle: 原理、原則
justice: 正義
tolerance: 寛容、寛大さ
dignity: 尊厳、威厳

CAIRO SPEECH: A New Beginning

■神を意識し、いつも真実を語りなさい

　I do so, recognizing that change cannot happen overnight. I know there's been a lot of publicity about this speech, but no single speech can eradicate years of mistrust, nor can I answer in the time that I have this afternoon all the complex questions that brought us to this point. But I am convinced that in order to move forward, we must say openly to each other the things we hold in our hearts and that too often are said only behind closed doors. There must be a sustained effort to listen to each other, to learn from each other, to respect one another, and to seek common ground. As the Holy Koran tells us, "Be conscious of God and speak always the truth." That is what I will try to do today—to speak the truth as best I can, humbled by the task before us and firm in my belief that the interests we share as human beings are far more powerful than the forces that drive us apart.

recognize that: 〜であることを認める、承知する **overnight:** 一夜のうちに、急に **publicity:** 広報、周知 **eradicate:** 〜を絶滅させる、根絶する	**mistrust:** 不信、不信感 **complex:** 複雑な、込み入った **bring A to B:** AをBに至らせる、Bの状態に追い込む **be convinced that:** 〜であることを確信している	**in order to do:** 〜するために、〜する手段として **move forward:** 前進する、行動を起こす **openly:** 率直に、隠さずに **behind closed doors:** 裏に隠れてこっそりと、コソコソと

カイロ演説
「イスラムとの新たな始まり」

　私は、新たな始まりを求めるにしても、変化が一夜にして起きるということはありえないと認識しています。この演説がいろいろな形で周知されていることは承知していますが、たった1回の演説で長年の不信を消し去ることはできませんし、今日の午後の持ち時間の中で、私たちを現在の状況に追い込んだ複雑な問題のすべてに答えることも不可能です。しかし、前進するためには、私たちが心の底にひそかに抱いている事柄や、ほとんど陰でしか語られることのない事柄を、互いに率直に語らなければならないと、私は確信しています。互いに耳を傾け、互いに相手から学び、互いに相手を尊重し、そして合意点を探す、という努力が続けられなければなりません。コーランも教えているではありませんか、「神を意識し、いつも真実を語りなさい」と。そのように、私も今日は努力するつもりです——私たちの目の前の課題を謙虚に受け止めながら、そして私たちが人類として共有する利害は私たちを分断しようとする力よりもはるかに強いという確信の下に、私はできる限り真実を語るつもりです。

sustained:
持続的な、継続的な
effort:
努力、取り組み
one another:
互いに、相互に
the Holy Koran:
コーラン　▶イスラム教の経典。
be conscious of:
〜を意識している

humble:
〜を謙虚にする
task:
任務、職務
firm:
断固とした、確固たる
belief:
信念、信条

far:
はるかに、大いに
force:
力、強さ
drive A B:
AをBの状態に追いやる
apart:
ばらばらに、別々に

Cairo Speech: A New Beginning

■少年時代、夜明けと夕暮れにはアザーンを聞いていた

Now, part of this conviction is rooted in my own experience. I'm a Christian, but my father came from a Kenyan family that includes generations of Muslims. As a boy, I spent several years in Indonesia and heard the call of the *azaan* at the break of dawn and at the fall of dusk. As a young man, I worked in Chicago communities where many found dignity and peace in their Muslim faith.

---

conviction:
確信、信念
be rooted in:
〜にしっかり定着している、根付いている

experience:
経験、体験
Christian:
キリスト教徒、クリスチャン
Kenyan:
ケニアの

include:
〜を含む
generation:
世代

カイロ演説
「イスラムとの新たな始まり」

　さて、私のこうした確信は、ひとつには私自身の体験に根差しています。私はキリスト教徒ですが、私の父はケニアの一族の出身で、一族の中には何世代にもわたってイスラム教徒がいます。私は、少年時代の数年間をインドネシアで過ごし、夜明けと夕暮れにはアザーンを聞いていました。青年時代にはシカゴのいくつかのコミュニティーで働きましたが、そこにはイスラム教の信仰に尊厳と安らぎを見いだす人たちが大勢いました。

---

spend:
〜を過ごす
call:
呼び声

***azaan*:**
アザーン　▶イスラム教における礼拝への呼びかけ。
at the break of dawn:
夜明けに、明け方に

at the fall of dusk:
夕暮れに、たそがれ時に
faith:
信条、信仰

Track 26

Cairo Speech: A New Beginning

■イスラムは常に米国の歴史の一部となってきた

　I also know that Islam has always been a part of America's story. The first nation to recognize my country was Morocco. In signing the Treaty of Tripoli in 1796, our second President, John Adams, wrote, "The United States has in itself no character of enmity against the laws, religion or tranquility of Muslims." And since our founding, American Muslims have enriched the United States. They have fought in our wars; they have served in our government; they have stood for civil rights; they have started businesses; they have taught at our universities; they've excelled in our sports arenas; they've won Nobel Prizes, built our tallest building, and lit the Olympic Torch. And when the first Muslim American was recently elected to Congress, he took the oath to defend our Constitution using the same Holy Koran that one of our Founding Fathers, Thomas Jefferson, kept in his personal library.

Islam:
イスラム教
sign:
〜に署名する
Treaty of Tripoli:
トリポリ条約
character:
性質、性格
enmity:
敵意、悪意
law:
法、法律
religion:
宗教
tranquility:
静寂、平穏
founding:
設立、創立
enrich:
〜を豊かにする
serve:
①勤務する、勤める
②〜のために尽す
government:
政府、政権
stand for:
〜を支持する
civil rights:
公民権、市民権

カイロ演説
「イスラムとの新たな始まり」

　私はまた、イスラム教が常にアメリカの歴史の一部となってきたことも承知しています。私の国を最初に承認した国家はモロッコでした。1796年にトリポリ条約に署名するに当たり、わが国の第2代大統領ジョン・アダムズは、「米国自体には、イスラム教徒の法律や宗教、平穏に敵対する性質はまったくない」と書いています。そして、建国以来、アメリカのイスラム教徒は、米国を豊かにしてきました。彼らはわが国の戦争に参加し、わが国の政府で働き、公民権を支持し、起業し、わが国の大学で教え、スポーツアリーナで活躍し、ノーベル賞を受賞し、わが国で最も高いビルを建て、オリンピックの聖火をともしてきました。そして最近、米国で初めてイスラム系アメリカ人が連邦議会の議員に選出されたとき、彼は建国の父のひとりであるトーマス・ジェファソンが自分の書斎に置いていたコーランを使って、米国の憲法を守ることを誓いました。

---

sports arena:
スポーツアリーナ、競技場
excel:
ひいでている
win:
〜を獲得する
Nobel Prize:
ノーベル賞
light:
〜に火をつける、点火する

the Olympic Torch:
オリンピックの聖火
elect A to B:
A (人) をBに (投票で) 選ぶ
Congress:
連邦議会、国会
oath:
誓い

defend:
〜を防御する、守る
Constitution:
(米国の) 憲法
Founding Fathers:
(米国の) 建国の父
personal:
個人的な、私的な

Cairo Speech: A New Beginning

■第1には、暴力的過激主義に立ち向かわなければいけない

The first issue that we have to confront is violent extremism in all of its forms.

In Ankara, I made clear that America is not and never will be at war with Islam. We will, however, relentlessly confront violent extremists who pose a grave threat to our security because we reject the same thing that people of all faiths reject: the killing of innocent men, women and children. And it is my first duty as President to protect the American people.

issue: 問題、論点 **confront:** 〜に立ち向かう **violent:** 乱暴な、暴力的な	**extremism:** 極端主義、過激主義 **form:** 形態、様態 **Ankara:** アンカラ ▶トルコ共和国の首都。	**make clear that:** 〜であることをはっきりさせる **relentlessly:** 情け容赦なく、絶え間なく **pose A to B:** AをBにもたらす、引き起こす

カイロ演説
「イスラムとの新たな始まり」

　私たちが立ち向かわなければいけない第1の問題は、あらゆる形態の暴力的過激主義です。

　アンカラで私は、アメリカはイスラムと戦争をしているのではないし、今後も決してイスラムと戦争はしないということをはっきりさせました。しかし、私たちは、わが国の安全保障に重大な脅威をもたらす暴力的な過激主義者たちには容赦なく立ち向かいます。なぜなら私たちは、あらゆる信仰がこぞって拒絶すること、すなわち罪のない男女や子どもを殺害することを拒絶するからです。そして、大統領としての私の第1の義務は、アメリカ国民を守ることなのです。

grave: 重大な、容易ならない **threat:** 脅威、おそれ **security:** 安全保障	**reject:** 〜を拒絶する **faith:** 信条、信仰 **innocent:** 無罪の、潔白な	**duty:** 義務 **protect:** 〜を守る、保護する

Cairo Speech: A New Beginning

■アルカイダによる殺害は、対処されるべき事実である

　The situation in Afghanistan demonstrates America's goals and our need to work together. Over seven years ago, the United States pursued al Qaeda and the Taliban with broad international support. We did not go by choice; we went because of necessity. I'm aware that there's still some who would question or even justify the events of 9/11. But let us be clear: Al Qaeda killed nearly 3,000 people on that day. The victims were innocent men, women and children from America and many other nations who had done nothing to harm anybody. And yet al Qaeda chose to ruthlessly murder these people, claimed credit for the attack, and even now states their determination to kill on a massive scale. They have affiliates in many countries and are trying to expand their reach. These are not opinions to be debated; these are facts to be dealt with.

situation: 情勢、事態	**al Qaeda:** アルカイダ	**necessity:** 必要性
Afghanistan: アフガニスタン	**Taliban:** タリバン　▶アフガニスタンのイスラム原理主義集団。	**be aware that:** 〜であることに気がついている、〜であることを知っている
demonstrate: 〜を実証する、明らかに示す	**broad:** 広い、広範な	**justify:** 〜を正当化する
goal: 目標、目的	**by choice:** 好んで	**nearly:** ほとんど、ほぼ
pursue: 〜を追う、追跡する		

カイロ演説
「イスラムとの新たな始まり」

　アフガニスタンにおける状況は、アメリカの目標を明らかに示すとともに、私たちが協力して活動することの必要性も示しています。7年以上前、米国は、幅広い国際社会からの支持を得て、アルカイダとタリバンを追跡しました。私たちは好き好んでそうしたわけではなく、必要に迫られたからそうしたのでした。9月11日の出来事をいまだに疑問視する人もいれば、事件を正当化する人さえいることは承知しています。しかし、はっきり言いましょう。あの日、アルカイダは3000人近い人々を殺害したのです。その犠牲者となったのは、アメリカをはじめとした多くの国々の罪のない男女や子どもたちであり、彼らは他人に危害を与えるようなことは何ひとつしていませんでした。にもかかわらず、アルカイダは、こうした人々を情け容赦なく殺害することを選び、この攻撃は自分たちが行ったものだという声明を出し、今も大量殺害の決意を表明しています。彼らは多くの国々に支部を持ち、さらに勢力範囲を拡大しようとしています。こうしたことは、議論されるべき意見ではなく、対処されるべき事実なのです。

victim:
犠牲者、被害者
harm:
〜を傷つける
ruthlessly:
無慈悲に、冷酷に
murder:
〜を殺す
claim:
〜を主張する

credit:
手柄、功績
state:
〜を言明する
determination:
決心、決意
massive:
巨大な、大規模の
scale:
規模、程度

affiliate:
支部、支社
expand:
〜を広げる、拡大する
reach:
(能力などの)範囲
debate:
〜について討論する
deal with:
〜に対処する

Cairo Speech: A New Beginning

■第2の問題は、イスラエルとパレスチナの状況である

Now, the second major source of tension that we need to discuss is the situation between Israelis, Palestinians and the Arab world.

America's strong bonds with Israel are well known. This bond is unbreakable. It is based upon cultural and historical ties, and the recognition that the aspiration for a Jewish homeland is rooted in a tragic history that cannot be denied.

Around the world, the Jewish people were persecuted for centuries, and anti-Semitism in Europe culminated in an unprecedented Holocaust. Tomorrow, I will visit Buchenwald, which was part of a network of camps where Jews were enslaved, tortured, shot and gassed to death by the Third Reich. Six million Jews were killed—more than the entire Jewish population of Israel today. Denying that fact is baseless; it is ignorant; and it is hateful. Threatening Israel with destruction or repeating vile stereotypes about Jews is deeply wrong and only serves to evoke in the minds of Israelis this most painful of memories while preventing the peace that the people of this region deserve.

---

tension: 緊迫状態
bond: きずな、結束
unbreakable: 破ることのできない
tie: つながり、きずな
recognition: 認識
aspiration: 切望、熱望
Jewish: ユダヤ人の
tragic: 悲劇的な
persecute: 〜を迫害する、しいたげる
anti-Semitism: 反ユダヤ主義
culminate in: 結果的に〜になる
unprecedented: 先例のない、空前の
Holocaust: ホロコースト ▶ナチスのユダヤ大虐殺。
camp: 収容施設

カイロ演説
「イスラムとの新たな始まり」

　さて、私たちが議論する必要のある、緊張の大きな原因の２つ目は、イスラエル人とパレスチナ人とアラブ世界の間の状況です。

　アメリカとイスラエルの間の強いきずなについてはよく知られています。このきずなを断ち切ることはできません。それは文化的・歴史的なつながりに基づくものですし、祖国を求めるユダヤ人の強い願望は否定することのできない悲劇的な歴史に根差しているという認識に基づくものです。

　ユダヤ人は、何世紀にもわたり世界中で迫害され、ヨーロッパでは反ユダヤ主義が高まった結果、前代未聞のホロコーストが起こりました。明日私は、ユダヤ人が第三帝国によって奴隷のように扱われ、拷問を受け、撃たれ、ガス室で殺された収容所のひとつであったブーヘンバルトを訪問します。ホロコーストでは600万人のユダヤ人が殺害されました——今日のイスラエルのユダヤ人の総人口を上回る数です。この事実を否定することは根拠のないことであり、無知なことであり、憎むべきことです。イスラエルを破壊するという脅しや、ユダヤ人に関する下劣な固定観念を繰り返し述べることは、大きな間違いであり、この最も苦痛に満ちた記憶をイスラエル人の心によみがえらせるとともに、この地域の人々が享受すべき平和を妨げるだけです。

Jew: ユダヤ人	**entire:** 全体の	**stereotype:** 固定観念
enslave: ～を奴隷化する	**baseless:** 根拠のない、無根拠の	**evoke:** ～を引き起こす
torture: ～を拷問にかける	**ignorant:** 無知の、ばかげた	**painful:** 痛ましい、悲惨な
gas: ～をガスで攻撃する	**hateful:** 憎むべき	**prevent:** ～を妨げる
the Third Reich: （ナチスの）第三帝国	**vile:** 下劣な、卑しむべき	**deserve:** ～に値する、～を受けるに足る

Cairo Speech: A New Beginning

■パレスチナ人の状況は確かに耐えがたいものだ

On the other hand, it is also undeniable that the Palestinian people—Muslims and Christians—have suffered in pursuit of a homeland. For more than 60 years, they've endured the pain of dislocation. Many wait in refugee camps in the West Bank, Gaza and neighboring lands for a life of peace and security that they have never been able to lead. They endure the daily humiliations, large and small, that come with occupation. So let there be no doubt: The situation for the Palestinian people is intolerable, and America will not turn our backs on the legitimate Palestinian aspiration for dignity, opportunity and a state of their own.

on the other hand: 他方では、これに対して	**homeland:** 自国、母国	**refugee camp:** 難民キャンプ
undeniable: 明白な、否定できない	**endure:** ～に耐える	**the West Bank:** ヨルダン川西岸
suffer: 苦しむ、悩む	**pain:** 苦痛、苦しみ	**Gaza:** ガザ　▶地中海東岸に位置する一区域。
pursuit: 追求	**dislocation:** 位置を変えること、転置	

カイロ演説
「イスラムとの新たな始まり」

　その一方で、パレスチナ人――イスラム教徒もいればキリスト教徒もいる――が祖国を求めて苦しんできたことも否定できません。彼らは、60年以上にもわたり、土地を追われる苦痛に耐えてきました。その多くは、ヨルダン川西岸のガザ地区周辺の難民キャンプで、いまだ味わうことができずにいる平和で安全な暮らしの実現を待っています。彼らは、占領に伴う大小さまざまな屈辱に毎日耐えているのです。ですから、はっきりさせましょう。パレスチナ人の置かれている状況が耐えがたいものであり、尊厳と機会と自らの国家を求めるパレスチナ人の正当な願望にアメリカが背を向けることはありません。

---

neighboring:
隣接した
land:
土地
lead a life of:
〜の生活を送る
humiliation:
屈辱、恥ずかしめ

occupation:
占領、占拠
doubt:
疑い、疑惑
intolerable:
耐えられない、我慢できない
turn one's back on:
〜に背を向ける、〜を見捨てる

legitimate:
正当な、公正な
dignity:
威厳、尊厳
opportunity:
機会

Cairo Speech: A New Beginning

■ 2つの国家によって、双方の願望を達成しよう

　For decades then, there has been a stalemate: two peoples with legitimate aspirations, each with a painful history that makes compromise elusive. It's easy to point fingers: for Palestinians to point to the displacement brought about by Israel's founding, and for Israelis to point to the constant hostility and attacks throughout its history from within its borders as well as beyond. But if we see this conflict only from one side or the other, then we will be blind to the truth: The only resolution is for the aspirations of both sides to be met through two states, where Israelis and Palestinians each live in peace and security.

　That is in Israel's interest, Palestine's interest, America's interest and the world's interest. And that is why I intend to personally pursue this outcome with all the patience and dedication that the task requires. The obligations...The obligations that the parties have agreed to under the road map are clear. For peace to come, it is time for them, and all of us, to live up to our responsibilities.

---

decade: 10年間	**point fingers:** 指でさし示す	**attack:** 攻撃、襲撃
stalemate: 行き詰まり	**point to:** 〜を指摘する	**throughout:** 〜の間じゅう
make A B: AをBにする	**displacement:** 置き換え、転置	**border:** 国境
comproise: 妥協、歩み寄り	**constant:** 休みなく続く、不断の	**A as well as B:** BだけでなくAも
elusive: 手に入りにくい	**hostility:** 敵意、反感	**beyond:** 〜を越えて

カイロ演説
「イスラムとの新たな始まり」

　こうして、何十年にもわたり行き詰まりの状態が続いています。2つの民族がいずれも正当な願望を持ち、それぞれが苦痛に満ちた歴史を持っているため、妥協が難しくなっているのです。問題点を指摘するのは簡単です。パレスチナ人はイスラエル建国によって難民が発生したことを指摘し、イスラエル人は歴史を通じてその国境の内外から常に敵意と攻撃を受けてきたことを指摘しています。しかし、この対立をどちらか一方からだけ見たら、私たちは真実に目をつぶることになります。唯一の解決法は、イスラエル人とパレスチナ人がそれぞれ平和で安全に暮らすことのできる2つの国家によって、双方の願望を達成することです。

　それはイスラエルの利益になり、パレスチナの利益になり、アメリカの利益になり、世界の利益になります。だからこそ私は、この作業に必要とされるあらゆる忍耐と献身をもって、そうした成果を挙げることができるよう、個人的に努力するつもりです。義務は……ロードマップの下で当事者同士が合意した義務は明らかです。平和の実現のために、今こそ彼らが、そして私たち全員が、それぞれの責任を果たす時なのです。

---

be blind to: 〜に気がつかない	**pursue:** 〜を追い求める	**obligation:** 義務、責務
resolution: 解決、解答	**outcome:** 結果	**party:** 当事者、関係者
meet: 〜をうまく処理する	**patience:** 忍耐、忍耐力	**road map:** 行程表、計画図
intend to do: 〜するつもりである	**dedication:** 献身、専念	**live up to:** 〜を実践する、〜に従って生きる
personally: 自分自身で、じきじきに	**require:** 〜を要求する	**responsibility:** 責任、責務

CAIRO SPEECH: A New Beginning

■第3の問題は、核兵器に関する各国の権利と責任

The third source of tension is our shared interest in the rights and responsibilities of nations on nuclear weapons.

This issue has been a source of tension between the United States and the Islamic Republic of Iran. For many years, Iran has defined itself in part by its opposition to my country, and there is in fact a tumultuous history between us. In the middle of the Cold War, the United States played a role in the overthrow of a democratically elected Iranian government. Since the Islamic Revolution, Iran has played a role in acts of hostage-taking and violence against U.S. troops and civilians. This history is well known. Rather than remain trapped in the past, I've made it clear to Iran's leaders and people that my country is prepared to move forward. The question now is not what Iran is against but rather what future it wants to build.

---

source: 根源、原因
the Islamic Republic of Iran: イラン・イスラム共和国
define: 〜を定義する、特徴づける
in part: ある程度、いくぶん
opposition: 反対、対立
in fact: その証拠に、実際
tumultuous: 騒がしい、騒々しい
in the middle of: 〜の中ごろ、最中
the Cold War: （米国と旧ソ連の）冷戦
play a role: 役割を演じる、任務を果たす
overthrow: 転覆
democratically: 民主的に
Iranian: イランの
the Islamic Revolution: イスラム革命 ▶1979年のイラ

カイロ演説
「イスラムとの新たな始まり」

　緊張の第3の原因は、核兵器に関する各国の権利と責任をめぐる、私たちの共通の利害です。

　この問題は、米国とイラン・イスラム共和国との間の緊張の原因となってきました。長年にわたり、イランは、わが国に反対することを自国の立場を明確にする手段のひとつとしてきましたし、実際、この両国の間には混乱の歴史があります。冷戦のただ中に、米国は、民主的に選出されたイラン政府の転覆で一定の役割を担いました。イスラム革命以降、イランは、米軍兵士や民間人に対する人質事件や暴力行為に一定の役割を担ってきています。この歴史はよく知られています。私は、過去にとらわれ続けるのではなく、わが国は前進する準備ができているということをイランの指導層と国民にはっきり述べました。今問題なのは、イランが何に反対しているかではなく、むしろイランがどのような未来を築きたいのかということです。

ンで起こった、イスラム法学者ホメイニ師を中心とした政権奪取事件。
act:
行為、行動
hostage-taking:
人質を取ること、人質事件
troops:
軍隊

civilian:
一般市民、民間人
rather than:
〜よりもむしろ
remain:
依然として〜のままである
trap A in B:
A（人）をBにとらえる、閉じ込める

past:
過去、昔
leader:
指導者、統率者
be prepared to do:
〜する準備ができている
rather:
それどころか、逆に
future:
未来、将来

CAIRO SPEECH: A New Beginning

■核なき世界を追求するという約束を改めて明言する

I recognize it will be hard to overcome decades of mistrust, but we will proceed with courage, rectitude and resolve. There will be many issues to discuss between our two countries, and we are willing to move forward without preconditions on the basis of mutual respect. But it is clear to all concerned that, when it comes to nuclear weapons, we have reached a decisive point. This is not simply about America's interests. It's about preventing a nuclear arms race in the Middle East that could lead this region and the world down a hugely dangerous path.

I understand those who protest that some countries have weapons that others do not. No single nation should pick and choose which nation holds nuclear weapons. And that's why I strongly reaffirmed America's commitment to seek a world in which no nations hold nuclear weapons. And any nation, including Iran, should have the right to access peaceful nuclear power if it complies with its responsibilities under the Nuclear Non-Proliferation Treaty. That commitment is at the core of the treaty, and it must be kept for all who fully abide by it. And I'm hopeful that all countries in the region can share in this goal.

---

overcome:
〜に打ち勝つ
proceed:
進む
courage:
勇気、度胸
rectitude:
正直、廉直
resolve:
決心、決意

be willing to do:
快く〜する、〜するのをいとわない
precondition:
必要条件、前提条件
on the basis of:
〜に基づいて
concerned:
関係している、当該の
when it comes to:
〜に関して言えば

decisive:
明確な結果をもたらす、決定的な
simply:
単に、ただ
arms:
武器、兵器
the Middle East:
中東
hugely:
大いに、非常に

カイロ演説
「イスラムとの新たな始まり」

　何十年も続いた不信を克服することには困難が伴ってくるというのは私も承知していますが、それでも私たちは、勇気と正直な心と決意を持って前進します。この２カ国間で議論すべき問題は数多くあるでしょうが、私たちは、相互の尊重に基づくのであれば、前提条件なしで前進してもよいと思っています。しかし、核兵器に関する限り、私たちが重大な局面に達していることは、すべての関係者にとって明白です。これは単にアメリカの利害だけの問題ではありません。この地域と世界全体を極めて危険な道へと導きかねない、中東における核兵器開発競争の防止、という問題なのです。

　私は、ある兵器を持つ国とそれを持たない国があることに抗議する人々の意見を理解することができます。核兵器を持つ国を、ひとつの国家が選択して決めるべきではありません。そして、だからこそ私は、核兵器保有国のない世界を追求するというアメリカの約束を改めて強く断言したのです。そして、核不拡散条約の下での責任を果たすのであれば、イランを含むあらゆる国家に、原子力の平和利用を行う権利が与えられるべきです。その約束は条約の中核をなしており、この条約を全面的に順守するすべての国のために守られなければなりません。そして私は、この地域のすべての国々がこの目標を共有することができると期待しています。

---

path:
進路、軌道
protest:
〜に異議を申し立てる
pick:
〜を精選する
reaffirm:
〜と再び断言する
commitment:
約束、言質

peaceful:
平和的な
comply with:
〜に従う、応じる
Nuclear Non-Proliferation Treaty:
核不拡散条約
core:
中心部、核心

fully:
十分に、完全に
abide by:
(規則・約束などを) 忠実に守る、遵守する
be hopeful that:
〜であることを希望している、期待している
share:
〜を分かち合う、共有する

Cairo Speech: A New Beginning

■私たちには目的のために力を合わせる責任がある

And the issues that I have described will not be easy to address. But we have a responsibility to join together on behalf of the world that we seek: a world where extremists no longer threaten our people and American troops have come home; a world where Israelis and Palestinians are each secure in a state of their own and nuclear energy is used for peaceful purposes; a world where governments serve their citizens and the rights of all God's children are respected. Those are mutual interests. That is the world we seek, but we can only achieve it together.

describe: 〜を述べる、記述する **address:** 〜に立ち向かう、〜を処理する **join together:** 手を携える、団結する	**on behalf of:** 〜のために **no longer:** もはや〜ない	**threaten:** 〜をおびやかす **secure:** 不安のない、安心できる

カイロ演説
「イスラムとの新たな始まり」

　そして、今私が述べてきたさまざまな問題に取り組むことは容易ではありません。しかし、私たちには、私たちの求める世界のために力を合わせる責任があります。それは、もはや過激主義者がアメリカの国民を脅かすことがなくなり、アメリカの兵士たちが母国に帰還できる世界、イスラエル人とパレスチナ人がそれぞれ自分の国で安全に暮らし、原子力が平和目的で利用される世界、政府が国民に奉仕し、神の子すべての権利が尊重される世界です。それが私たちの相互の利益です。それが私たちの求める世界ですが、これを実現するには、協力し合うほかありません。

state: 国家、国 purpose: 目的	citizen: 国民、公民 respect: 〜を尊敬する、尊重する	mutual: 互いの、相互の achieve: 〜を成し遂げる

Cairo Speech: A New Beginning

■あらゆる宗教が己の欲するところを人に施せと教えている

All of us share this world for but a brief moment in time. The question is whether we spend that time focused on what pushes us apart or whether we commit ourselves to an effort, a sustained effort, to find common ground, to focus on the future we seek for our children, and to respect the dignity of all human beings.

It's easier to start wars than to end them. It's easier to blame others than to look inward. It's easier to see what is different about someone than to find the things we share. But we should choose the right path, not just the easy path. There's one rule that lies at the heart of every religion: that we do unto others as we would have them do unto us. This truth transcends nations and peoples: a belief that isn't new, that isn't black or white or brown, that isn't Christian or Muslim or Jew. It's a belief that pulsed in the cradle of civilization and that still beats in the hearts of billions around the world. It's a faith in other people, and it's what brought me here today.

a brief moment: ほんの一瞬の、ほんのつかのまの **whether:** 〜かどうか **focus on:** 〜を重点的に取り扱う **commit oneself to:** 〜に傾倒する、専心する	**sustained:** 持続的な、継続的な **common ground:** 共通点、合意点 **blame:** 〜を非難する、とがめる	**inward:** 内部、内心 **rule:** 規則、宗規 **lie at the heart of:** 〜の中心をなす、〜の中核にある

カイロ演説
「イスラムとの新たな始まり」

　私たちは皆、ごくわずかな時間だけ、この世界を共有しています。問題は、私たちを分裂させようとする事柄に注意を向けてその時間を過ごすのか、それともある努力に、すなわち共通点を見つけ出し、子どもたちのために私たちが求める将来に注意を向け、全人類の尊厳を尊重しようとする持続的な努力に専心するのか、ということです。

　戦争は終わらせることより始めることの方が簡単です。内省するよりは他者を非難することの方がやさしいです。人との共通点を探すより相違点を見つけることの方が簡単です。しかし私たちは、単に簡単な道を選ぶのではなく、正しい道を選ぶべきです。あらゆる宗教の中核にはひとつの教えがあります。それは、己の欲するところを人に施しなさい、という教えです。この真実は、国家や国民を超越するものです。この信条は、新しいものではなく、肌が黒くても白くても茶色でも関係なく、キリスト教もイスラム教もユダヤ教も関係なく存在するものです。それは、文明の始まりに鼓動を始め、現在も世界中の何十億という人々の心に脈打つ信条です。それは他者に対する信頼であり、そしてそれが私を今日のこの場に導いたのです。

---

unto:
〜に、〜へ
transcend:
〜を超える、超越する
belief:
信条、信仰

pulse:
脈打つ、鼓動する
cradle:
幼年時代、初期
civilization:
文明化

beat:
鼓動する
billion:
10億
faith:
信頼、信用

CAIRO SPEECH: A New Beginning

■平和の実現こそが神の道である

We have the power to make the world we seek, but only if we have the courage to make a new beginning, keeping in mind what has been written.

The Holy Koran tells us: "O mankind! We have created you male and a female; and we have made you into nations and tribes so that you may know one another."

The Talmud tells us: "The whole of the Torah is for the purpose of promoting peace."

The Holy Bible tells us: "Blessed are the peacemakers, for they shall be called sons of God."

The people of the world can live together in peace. We know that is God's vision. Now that must be our work here on Earth.

Thank you. And may God's peace be upon you. Thank you very much. Thank you.

---

only if: 〜の場合に限り	**mankind:** 人類、人間	**so that:** 〜するために
make a beginning: 始める、着手する	**create:** 〜を生み出す、つくり出す	**the Talmud:** タルムード ▶ユダヤ教の教えを集大成した本。
keep in mind: 〜を覚えておく、肝に銘じる	**tribe:** 種族、部族	

カイロ演説
「イスラムとの新たな始まり」

　私たちは、自分の求める世界をつくる力を持っていますが、それは、私たちが、これまでに書かれてきたことを肝に銘じながら、新たに始める勇気を持ったときにだけ可能なのです。

　コーランは、「おお、人類よ！　私たちは人類に男性と女性を創造し、国家と部族をつくり、互いに理解し合うことができるようにした」と述べています。

　タルムードはこう教えます、「トーラー全体が、平和を促進することを目的としている」と。

　聖書は、「平和を実現する人々は幸いである。彼らは神の子と呼ばれるからである」と教えています。

　世界の人々は、一緒に平和に暮らすことができます。それが神の思い描いた世界であることを私たちは知っています。ですから、それが地球上での私たちの務めとならなければならないのです。

　ありがとうございました。そして皆さんに神の平和がもたらされますように。どうもありがとうございました。ありがとうございました。

(訳　編集部)

---

whole:
すべての
the Torah:
トーラー、律法
promote:
〜を促進する

the Holy Bible:
聖書
bressed:
幸せな、神の恵みを受けた
peacemaker:
調停者、平和を作る人

call A B:
AをBと呼ぶ
vision:
見通し、構想

■ボキャブラリー・チェック

各ページの下に語注として取り上げた単語などをまとめてあります。
その言葉が用いられている演説の文脈を思い出しながら覚えると、
語いのニュアンスや使い方も身につきます。

A

- ☐ **a brief moment:** ほんの一瞬の、ほんのつかのまの P82
- ☐ **abide by:** (規則・約束などを) 忠実に守る、遵守する P79
- ☐ **ability to do:** 〜する能力 P23
- ☐ **abound:** たくさんある、多い P34
- ☐ **abuse:** 乱用、悪用 P25
- ☐ **accept:** (申し出などを) 受け入れる、引き受ける P12, P55
- ☐ **access:** 〜を利用する P42
- ☐ **achieve:** 〜を達成する、成し遂げる P40, P52, P81
- ☐ **acquire:** 〜を獲得する、手に入れる P13, P34, P42, P50
- ☐ **act on:** 〜に基づいて行動する、〜について決定を下す P52
- ☐ **act:** ①行動する ②行為、行動 P37, P77
- ☐ **activity:** 活動 P48
- ☐ **add A to B:** BにAを加える P13
- ☐ **address:** (課題などに) 取り組む、〜に立ち向かう、〜を処理する P46, P80
- ☐ **administration:** 政権 P40
- ☐ **admit to oneself that:** 〜であると自ら認める、白状する P36
- ☐ **advance:** 〜を促進する P45
- ☐ **advancement:** 進歩、向上 P58
- ☐ **adversary:** 敵、敵対者 P36
- ☐ **affiliate:** 支部、支社 P69
- ☐ **Afghan:** アフガニスタンの、アフガンの P31
- ☐ **Afghanistan:** アフガニスタン P68
- ☐ **against all odds:** 多大な困難にもかかわらず、あらゆる予想を覆して P22
- ☐ **agenda:** 議題、検討課題 P52
- ☐ **aggressively:** 積極的に P41
- ☐ **agree to do:** 〜することに同意する P49
- ☐ **agreement:** 同意、合意 P12
- ☐ **al Qaeda:** アルカイダ (イスラム原理主義の国際的なテロ組織) P30, P68
- ☐ **Al-Azhar (University):** アルアズハル大学 (975年設立で、現存する世界最古の大学のひとつとされる。イスラム教の最高教育機関) P58
- ☐ **albeit:** 〜にもかかわらず、〜であろうとも P11
- ☐ **alliance:** 同盟、連合 P27
- ☐ **allow oneself to be:** 〜であるにまかせる、〜であるままにしておく P52
- ☐ **ally:** 同盟国 P39
- ☐ **ancient:** 古くからの、由緒ある P19
- ☐ **Ankara:** アンカラ (トルコ共和国の首都) P66
- ☐ **annual:** 年1回の、毎年の P12
- ☐ **anti-Semitism:** 反ユダヤ主義 P70
- ☐ **apart:** ばらばらに、ちりぢりに、別々に P24, P61
- ☐ **appreciate:** 〜の真価を認める、〜のよさを理解する P16
- ☐ **approach:** (問題などの) 取り上げ方、接近法 P44
- ☐ **argue that:** 〜であると主張する P36
- ☐ **arms:** 武器、兵器 P54, P78
- ☐ **arsenal:** 保有兵器 P39
- ☐ **article:** 条文 P29
- ☐ **as a basis for:** 〜の基礎として P42
- ☐ **as long as:** 〜である限り P49
- ☐ **A as well as B:** BだけでなくAも P74
- ☐ **aspiration:** 切望、熱望 P70
- ☐ **at the break of dawn:** 夜明けに、明け方に P63
- ☐ **at the fall of dusk:** 夕暮れに、たそがれ時に P63
- ☐ **atomic bomb:** 原子爆弾、原爆 P10
- ☐ **attack:** ①〜を攻撃する、襲撃する ②攻撃、襲撃 P30, P74
- ☐ **attack on:** 〜への攻撃 P29
- ☐ **authority:** 権限 P43
- ☐ **avoid:** 〜を (意識して) 避ける P11
- ☐ **awaken:** 〜を目ざめさせる、眠りからさます P10

B

- ☐ **ballistic missle:** 弾道ミサイル P48
- ☐ **balustrade:** 手すり、らんかん P13
- ☐ **ban:** ①禁止 ②〜を禁止する P40
- ☐ **bargain:** 取引、駆け引き P42
- ☐ **baseless:** 根拠のない、無根拠の P71
- ☐ **basis:** 土台、基盤 P49
- ☐ **be aware that:** 〜であることに気がついている、〜であることを知っている P68
- ☐ **be based on:** 〜に基礎を置く、〜に基づいている P44
- ☐ **be blind to:** 〜に気がつかない P75
- ☐ **be bound by:** 〜で結ばれている P29
- ☐ **be conscious of:** 〜を意識している P61
- ☐ **be convinced that:** 〜であることを確信している P60
- ☐ **be destined to do:** 〜する運命にある P36
- ☐ **be determined to do:** 〜することを決心している P34
- ☐ **be faced with:** 〜に直面している P19
- ☐ **be free from:** (心配・苦痛などから) 免れる P37
- ☐ **be fundamental to:** 〜の基礎となる、〜の土台をなす P30
- ☐ **be grateful for:** 〜に対して感謝する P58
- ☐ **be honored to do:** 〜することを光栄に思う P17, P58
- ☐ **be hopeful that:** 〜であることを希望している、期待している P79
- ☐ **be intended for:** 〜を目的としている P41

- be motivated by: 〜で刺激される、やる気になる P12
- be prepared to do: 〜する準備ができている P77
- be proud to do: 〜することを誇りに思う P16
- be ready to do: 〜する準備ができている P26
- be reluctant to do: 〜することに気が進まない P10
- be rooted in: 〜にしっかり定着している、根付いている P62
- be willing to do: 快く〜する、〜するのをいとわない P78
- be worth doing: 〜する価値がある P52
- beacon: 案内役、先導役 P58
- beat: 鼓動する P83
- behind closed doors: 裏に隠れてこっそりと、コソコソと P60
- belief: 信念、信条、信仰 P61, P83
- beyond: 〜を越えて P74
- billion: 10億 P83
- binding: 〈協定などが〉拘束力のある、義務的な P40, P46
- black-market: 闇市場の、非合法市場の P34
- blame: 〜を非難する、とがめる P82
- bold: 大胆な、挑戦的な P40
- bomb: 爆弾 P34
- bond: きずな、結束 P70
- border: 国境 P74
- break up: 〜を終わらせる、解体する P51
- bressed: 幸せな、神の恵みを受けた P85
- bridge: 〜に橋渡しをする、〜のみぞを埋める、〜の空隙を埋める P22, P55
- bright: 鮮明な、強烈な P11
- bring A to B: AをBに至らせる、Bの状態に追い込む P60
- bring down: 〜を打倒する、崩壊させる P54
- broad: 広い、広範な P52, P68
- build upon: 〜を構築する、築き上げる P55
- building block: (物質の) 構成要素、単位 P41
- bury: 〜を埋める、覆い隠す P10
- by choice: 好んで P68

C

- call: 呼び声 P63
- call A B: AをBと呼ぶ P85
- call for: 〜を呼びかける、提唱する P10
- call upon...to do: …に〜するよう求める、訴える P26
- camp: 収容施設 P70
- can afford to do: 〜する余裕がある、〜できる P32
- cannot afford: 〜の余裕がない P27
- carry on: 〜を処理する、進行させる P24
- carry...with one: …に長期にわたる、携行する P58
- catastrophic: 破壊的な、壊滅的な P23
- catch...doing: …が〜するのを捕らえる P43
- cease to do: 〜するのをやめる、〜しなくなる P33
- center A on B: AをBの中心にする P35
- challenge: 難題、難しい課題 P24
- change course: 方向を転じる、方針を変える P47
- character: 性質、性格 P64
- check: 〜を抑制する、阻止する P36
- choose A over B: BよりもAを好む、BではなくAを選ぶ P53
- Christian: キリスト教徒、クリスチャン P62
- circumstances: 状況、環境 P19
- citizen: 国民、公民 P81
- civil: 民生用の P44
- civil rights: 公民権、市民権 P64
- civilian: 一般市民、民間人 P77
- civilization: 文明化 P83
- claim: 〜を (当然の権利として) 要求する、〜を主張する P20, P69
- clearly: 明確に、はっきりと P29
- climate: 気候 P23
- climate change: 気候変動 P26, P45
- close to: 〜に近い、接近した P13
- combat: 〜と戦う、争う P45
- come down: (建物などが) 倒される P22
- commemoration: 記念祭 P12
- commit oneself to: 〜に傾倒する、専心する P82
- commitment: 献身、傾倒、約束、言質 P38, P79
- common: 共通の、共有の P25
- common ground: 共通点、合意点 P82
- Communism: 共産主義、コミュニズム P27
- company: 親交、友好 P16
- competition: 競争、競争関係 P59
- complex: 複雑な、込み入った P60
- comply with: 〜に従う、応じる P79
- Comprehensive Test Ban Treaty: 包括的核実験禁止条約 (宇宙を含めたあらゆる空間での核実験を禁止する条約)。略称 CTBT P41
- comprise: 妥協、歩み寄り P74
- concern: 懸念、心配 P32
- concerned: 関係している、当該の P78
- concrete: 具体的な、詳細な P39
- conflict: (特に長期にわたる) 争い、紛争 P21, P23
- confront: 〜と対決する、争う、〜に立ち向かう P26, P54, P66
- Congress: 連邦議会、国会 P65
- consequence: 結果、成り行き P35, P43
- constant: 休みなく続く、不断の P74
- Constitution: (米国の) 憲法 P65
- construction: 構築、構築物 P49
- constructive: 建設的な、発展的な P32
- contain: 〜を阻止する、食い止める P34
- contingency plan: 非常事態計画、危機管理計画 P32
- continue: 続く、継続する P34
- control: 〜を制御する、管理する P23
- conviction: 確信、信念 P62
- cooperation: 協力、強調 P32
- coordinated: 協調した、連携した P24
- core: 中心部、核心 P79
- cost-effective: 費用対効果のよい P49
- courage: 勇気、度胸 P20, P78
- courageous: 勇気のある、勇敢な P49
- cowardly: 臆病な、意気地のない P53

■ ボキャブラリー・チェック

- [ ] **cradle:** 幼年時代、初期 P83
- [ ] **create:** 〜を生み出す、つくり出す P84
- [ ] **credit:** 手柄、功績 P69
- [ ] **crisis:**《複数形 crises》危機、難局 P23
- [ ] **crowd:** 群衆、聴衆 P17
- [ ] **culminate in:** 結果的に〜になる P70
- [ ] **cut off:** 〜を断つ P41
- [ ] **Czech Republic:** チェコ共和国 P16
- [ ] **Czechoslovakia:** チェコスロバキア（1993年にチェコとスロバキアに分離）P27

D

- [ ] **dangerous:** 危険な、危ない P33
- [ ] **deadly:** 極めて有害な、命取りになる P36
- [ ] **deal with:** 〜を扱う、〜に対処する P32, P69
- [ ] **debate:** 〜について討論する P69
- [ ] **decade:** 10年間 P27, P74
- [ ] **decisive:** 明確な結果をもたらす、決定的な P78
- [ ] **dedicated:** ある特定の目的用の P41
- [ ] **dedication:** 献身、専念 P75
- [ ] **defend:** 〜を防御する、守る P65
- [ ] **defense:** 防御、防衛 P39, P49
- [ ] **define:** 〜を定義する、規定する、〜の意味を明らかにする、〜を特徴づける P11, P18, P53, P76
- [ ] **delay:** 遅れ、遅延 P50
- [ ] **democratically:** 民主的に P76
- [ ] **demonstrate:** 〜を実証する、明らかに示す P68
- [ ] **demonstrate that:** 〜であることを立証する、実地で示す P31
- [ ] **denial:** 否定 P45
- [ ] **denounce:** 〜を公然と非難する、責める P53
- [ ] **deny A B:** A（人）に B を拒絶する P20
- [ ] **dependence on:** 〜への依存、〜に頼ること P26
- [ ] **describe:** 〜を述べる、記述する P80
- [ ] **deserve:** 〜に値する、〜を受けるに足る P71
- [ ] **desire:** 願望、要望 P12
- [ ] **desperately:** 必死になって、絶望的に P11
- [ ] **destiny:** 運命、宿命 P18, P28, P55
- [ ] **destroy:** 〜を破壊する P11
- [ ] **destruction:** 破壊、破滅 P36, P50
- [ ] **detect:** 〜を見つける、見抜く P51
- [ ] **deter:** 〜を防ぐ、抑止する P39
- [ ] **determination:** 決心、決意 P46, P69
- [ ] **determine:** 〜を確定する、決定する P28
- [ ] **developing country:** 開発途上国 P44
- [ ] **dialogue:** 対話、会話 P48
- [ ] **dignitary:** 高位の人、高官 P16
- [ ] **dignity:** 尊厳、威厳 P59, P73
- [ ] **disappear:** 姿を消す、存在しなくなる P34
- [ ] **disarmament:** 軍備縮小、軍備制限 P42
- [ ] **dislocation:** 位置を変えること、転置 P72
- [ ] **dismiss A as B:** A（意見など）を B だとして片づけてしまう、退けてしまう P19
- [ ] **displacement:** 置き換え、転置 P74
- [ ] **disrupt:** 〜を中断させる、途絶させる P51
- [ ] **divided:** 分裂した、分離した P19, P23
- [ ] **division:** 分裂、分離 P22, P55

- [ ] **do one's part:** 自分の役目を果たす P26
- [ ] **doubt:** 疑い、疑惑 P73
- [ ] **doubt whether:** 〜かどうかに疑問を持つ、〜かどうか疑う P52
- [ ] **drive A B:** A を B の状態に追いやる P24, P61
- [ ] **driving force:** 原動力 P49
- [ ] **durable:** 永続性のある P51
- [ ] **duty:** 義務 P67
- [ ] **dwell:** 住む、移住する P12

E

- [ ] **echo:** <音が> こだまする、残響として聞こえる P54
- [ ] **effective:** 効果的な P39
- [ ] **effort:** 努力、取り組み P61
- [ ] **elect A to B:** A（人）を B に（投票で）選ぶ P65
- [ ] **eliminate:** 〜を除去する、〜を排除する、取り除く P12, P49
- [ ] **elimination:** 排除、廃絶 P10
- [ ] **elusive:** 手に入りにくい P74
- [ ] **embark on:** 〜を開始する、〜に乗り出す P44
- [ ] **embody:** 〜を体現する、具体化する P33
- [ ] **embrace:** (主義などを) 受け入れる P43
- [ ] **emerging:** 発展段階の、新興の P25
- [ ] **empire:** 帝国 P18
- [ ] **emptiness:** 空虚さ、むなしさ P21
- [ ] **end:** 〜を終える、やめる P26
- [ ] **endeavor:**（真剣な）努力、試み P31, P37
- [ ] **endure:** 〜に耐える P72
- [ ] **enduring:** 永続的な、永遠の P29
- [ ] **engagement:** 関与、従事 P48
- [ ] **enmity:** 敵意、悪意 P64
- [ ] **enrich:** 〜を豊かにする P64
- [ ] **enslave:** 〜を奴隷化する P71
- [ ] **ensure that:** 確実に〜であるようにする P45, P50
- [ ] **entire:** 全体の P71
- [ ] **eradicate:** 〜を絶滅させる、根絶する P60
- [ ] **erase:** 〜を消し去る、消滅させる P33
- [ ] **especially:** 特に、とりわけ P44
- [ ] **estimate...to be:** …を〜であると見積もる、推測する P17
- [ ] **event:** 出来事、事件 P23
- [ ] **evoke:** 〜を引き起こす P71
- [ ] **excel:** ひいでている P65
- [ ] **exclusive:** 排他的な、排外的な P59
- [ ] **exisist:** 存在する P33
- [ ] **existence:** 存在 P33
- [ ] **expand:** 〜を広げる、拡大する P50, P69
- [ ] **experience:** 経験、体験 P62
- [ ] **explode:** 爆発する P35
- [ ] **expose:** 〜を暴露する、露呈する P21
- [ ] **exposure:** さらされること、被曝（ひばく）P11
- [ ] **extend:**（手足などを）伸ばす P25
- [ ] **extraordinary:** 非常な、途方もない P16
- [ ] **extreme:** 極端な、極度の P50
- [ ] **extremism:** 極端主義、過激主義 P66

F

- ☐ face consequences:（言行の）結果を引き受ける、報いを受ける P45
- ☐ fail to do:〜し損なう、〜することができない P53
- ☐ faith: 信条、信仰、信頼、信用 P63, P67, P83
- ☐ far: はるかに、大いに P61
- ☐ fatalism: 運命論 P36
- ☐ fateful: 致命的な、破滅的な P12
- ☐ fear: おびえ、恐れ、恐怖、恐怖感 P13, P53
- ☐ fight:〜を戦う P33
- ☐ financial: 財政上の、金融上の P25
- ☐ financial tools: 金融手段 P51
- ☐ fire:〜を発砲する P55
- ☐ firm: 断固とした、確固たる P61
- ☐ fissile: 核分裂する、核分裂性の P41
- ☐ flash: 閃光（せんこう）、きらめき P10, P33
- ☐ flowing: 流れている P27
- ☐ focus on:〜に集中する、焦点を合わせる、〜を重点的に取り扱う P24, P82
- ☐ follow:（道などを）たどる P17
- ☐ footstep: 足跡 P17
- ☐ force: 力、影響力、強さ P24, P61
- ☐ forever: 永遠に、永久に P53
- ☐ forge:（関係などを）生み出す、築く P27
- ☐ form: 形態、様態 P66
- ☐ fossil fuel: 化石燃料 P26
- ☐ found:〜を設立する、創設する P27
- ☐ foundation: 基礎、土台 P21
- ☐ founding: 設立、創立 P64
- ☐ Founding Fathers:（米国の）建国の父 P65
- ☐ framework: 構造、体制 P44
- ☐ freedom: 自由、自由な状態 P37
- ☐ fuel bank: 核燃料バンク（核燃料を外国からの輸入に頼った原発の新規導入国向けに、低濃度ウランの供給を保証する備蓄基地）P44
- ☐ fully: 十分に、完全に P79
- ☐ fundamental human rights: 基本的人権 P20
- ☐ future: 未来、将来 P31, P77

G

- ☐ gas:〜をガスで攻撃する P71
- ☐ Gaza: ガザ（地中海東岸に位置する一区域）P72
- ☐ generation: 世代 P22, P62
- ☐ ghost: ①幽霊 ②かすかな名残り P54
- ☐ given:〜を考慮すると、〜と仮定して P52
- ☐ go down: 低下する、減る P34
- ☐ go forward: 前進する P45
- ☐ go forward with:〜を推し進める、推進する P49
- ☐ go up: 上昇する、増す P34
- ☐ goal: 目標、目的 P68
- ☐ goodwill: 親善、友好 P59
- ☐ government: 政府、政権 P64
- ☐ grasp:（機会などを）とらえる力 P53
- ☐ grave: 重大な、容易ならざい事 P67
- ☐ gravitate toward:〜に引き寄せられる P11
- ☐ guarantee:〜を保証する P39
- ☐ gulf: 大きな隔たり P53

H

- ☐ harm:〜を傷つける P69
- ☐ harness:（原子力・自然の力などを）利用する P45
- ☐ hateful: 憎むべき P71
- ☐ hatred: 憎しみ、憎悪 P13
- ☐ have A to do with B: B と A（程度など）だけ関係がある、関係している P25
- ☐ hero: 英雄、ヒーロー P17
- ☐ hold: 持ちこたえる P35
- ☐ Holocaust: ホロコースト（ナチスのユダヤ大虐殺）P70
- ☐ homeland: 自国、母国 P72
- ☐ hometown: 故郷の町 P16
- ☐ honor:〜に敬意を払う、〜を称える P31
- ☐ hospitality: 歓待、温かいもてなし、親切なもてなし P16, P58
- ☐ host:〜を主催する、〜の集団を組織する、主人役として〜を接待する P49, P58
- ☐ hostage-taking: 人質を取ること、人質事件 P77
- ☐ hostility: 敵意、反感 P74
- ☐ hugely: 大いに、非常に P78
- ☐ humble:〜を謙虚にする P61
- ☐ humiliation: 屈辱、恥ずかしめ P73

I

- ☐ ideology: イデオロギー、観念形態 P21
- ☐ ignorant: 無知の、ばかげた P71
- ☐ ignore:〜を無視する、黙殺する P20, P38
- ☐ illegal: 違法な P47
- ☐ illusion: 幻想、錯覚 P45
- ☐ imagine that:〜であると想像する、推測する P19
- ☐ immediate: 迅速な、すぐの P43
- ☐ immediately: すぐに、直ちに P41
- ☐ impoverished: 貧窮化した、貧困に陥った P25
- ☐ in every direction: 四方八方に P11
- ☐ in fact: その証拠に、実際 P76
- ☐ in one's lifetime: 生きている間に P38
- ☐ in order to do:〜するために、〜する手段として P60
- ☐ in part: ある程度、いくぶん P76
- ☐ in place: 用意が整って、準備万端で P32
- ☐ in some way: ある意味では、ある程度は P36
- ☐ in the middle of:〜の中ごろ、最中 P76
- ☐ in transit: 輸送中の P51
- ☐ include:〜を含む P62
- ☐ increase:〜を増やす、増大させる P44
- ☐ increased: 増加した、さらなる P48
- ☐ independence: 独立、自立 P17
- ☐ inevitable: 避けられない、免れがたい、必然的な P36, P52
- ☐ injustice: 不正、不法 P54
- ☐ innocent: 無罪の、潔白な P67
- ☐ insecurity: 不安定さ P48
- ☐ insist:〜を主張する、強調する P38
- ☐ insist on:〜を強く主張する、要求する P18
- ☐ inspection: 監査、視察、査察 P43, P48
- ☐ instead: そうではなくて、その代わりに P59

■ボキャブラリー・チェック

- □ institution: 機関、組織、施設 P32, P51, P58
- □ intend to do: 〜するつもりである P75
- □ intercept: 〜を阻止する、妨げる P51
- □ interconnected: 相互に連結した、相関した P23
- □ interests: 利害関係 P24
- □ intolerable: 耐えられない、我慢できない P73
- □ investment: 投資 P24
- □ invite: 〜を招待する、招く P12
- □ inward: 内部、内心 P82
- □ Iranian: イランの P76
- □ Iron Curtain: 鉄のカーテン（旧ソ連圏と西欧諸国の間の情報封鎖を指す）P27
- □ Islam: イスラム教 P64
- □ Islamabad: イスラマバード（パキスタンの首都）P35
- □ Islamic learning: イスラム学、イスラム教育 P58
- □ isolation: 孤立 P48
- □ issue: 論点、問題 P32, P66

J
- □ Jew: ユダヤ人 P71
- □ Jewish: ユダヤ人の P70
- □ join together: 手を携える、団結する P80
- □ joyful: 喜びに満ちた、うれしそうな P54
- □ justice: 正義 P59
- □ justify: 〜を正当化する P68

K
- □ keep in mind: 〜を覚えておく、肝に銘じる P84
- □ Kenyan: ケニアの P62
- □ knowledge: 知識 P33

L
- □ label A B: A を B として分類する P11
- □ land: 土地 P73
- □ last: 続く、継続する P51
- □ law: 法、法律 P64
- □ lay...down: （武器などを）置く、捨てる P54
- □ lead A in B: A を B にもたらす P18
- □ lead a life of: 〜の生活を送る P73
- □ leader: 指導者、統率者 P77
- □ learn to do: 〜するようになる、〜できるようになる P16
- □ legacy: 遺産、遺物 P33
- □ legally: 法的に P40
- □ legitimate: 正当な、公正な P73
- □ let...down: …の期待を裏切る、…を失望させる P28
- □ lie at the heart of: 〜の中心をなす、〜の中核にある P82
- □ lift: （規制などを）取り払う、なくす P27
- □ light: 〜に火をつける、点火する P65
- □ live up to: 〜を実践する、〜に従って生きる P75
- □ lock down: 〜を閉じ込める P51
- □ long-range missile: 長距離ミサイル P46
- □ loss: 犠牲者、死傷者 P31

M
- □ maintain: 〜を保持する P39
- □ make A B: A を B にする P74
- □ make a beginning: 始める、着手する P84
- □ make a choice: 選択する、選び取る P22
- □ make a decision: 決断する、決定する P28
- □ make A of B: B を使って A を作る、B を A にする P55
- □ make clear that: 〜であることをはっきりさせる
- □ make common cause: 提携する、共同戦線を張る P31
- □ make no mistake: 間違えない、失敗しない P39
- □ mankind: 人類、人間 P84
- □ mark: （記念の年などに）当たる、（記念行事などを）祝う P28
- □ massive: 大規模な、巨大な P50, P69
- □ match: 〜に匹敵する、〜と対等である P17
- □ matter to: 〜にとって重大である P35
- □ meet: 〜をうまく処理する P75
- □ membership: 会員であること、会員資格 P28
- □ mission: 任務 P30
- □ mistrust: 不信、不信感 P60
- □ monument: （人・事件などの）記念碑 P19
- □ moral: 道徳上の、倫理上の、精神的な P10, P21
- □ moral responsibility: 道義的責任 P37
- □ mourn: 〜を追悼する、嘆き悲しむ P31
- □ move forward: 前進する、行動を起こす P60
- □ move toward: 〜に向かう、近づく P42
- □ movement: 運動、活動 P12
- □ Mumbai: ムンバイ（インド最大の都市）P35
- □ murder: 〜を殺す P69
- □ Muslim: イスラム教徒、ムスリム P59
- □ mutual: 相互の、互いの P48, P59, P81

N
- □ naive: 単純な、世間知らずの、甘い考えの P13, P38
- □ NATO: = North Atlantic Treaty Organization 北大西洋条約機構 P19
- □ nearly: ほとんど、ほぼ P68
- □ necessity: 必要性 P68
- □ need...in place: …を設ける必要がある P45
- □ negotiate: 〜について交渉する、協議する P40
- □ neighboring: 隣接した P73
- □ no longer: もはや〜ない P80
- □ no matter where: たとえどこで〜でも P35
- □ Nobel Prize: ノーベル賞 P65
- □ non-proliferation: 拡散防止 P35
- □ nuclear arms: 核兵器 P13
- □ Nuclear Non-Proliferation Treaty: 核不拡散条約（米国、ロシア、英国、フランス、中国の5カ国以外が核兵器を持つことを禁ずる条約。核拡散防止条約ともいう。略称 NPT）P42, P79
- □ nuclear power: 核保有国 P37
- □ nuclear weapon: 核兵器 P10, P16
- □ nuclear-armed: 核武装した、核兵器を持った P55

O
- □ oath: 誓い P65

- ☐ obligation: 義務、責任 P25, P75
- ☐ occasional: 時折の、たまの P24
- ☐ occupation: 占領、占拠 P73
- ☐ on behalf of: 〜のために P31, P45, P80
- ☐ on the basis of: 〜に基づいて P78
- ☐ on the other hand: 他方では、これに対して P72
- ☐ one another: 互いに、相互に P61
- ☐ only if: 〜の場合に限り P84
- ☐ openly: 率直に、隠さずに P60
- ☐ opportunity: 機会 P73
- ☐ opposition: 反対、対立 P76
- ☐ ordinary: 普通の、平凡な P22
- ☐ outcome: 結果 P75
- ☐ overcome: 〜を克服する、抑える、〜に打ち勝つ P21, P78
- ☐ overlap: 重なり合う、共通部分がある P59
- ☐ overnight: 一夜のうちに、急に P60
- ☐ overthrow: 転覆 P76

P
- ☐ pain: 苦痛、苦しみ P72
- ☐ painful: 痛ましい、悲惨な P71
- ☐ paraphrase: 〜を言い換える P16
- ☐ party: 当事者、関係者 P75
- ☐ past: 過去、昔 P77
- ☐ path:（行動などの）道筋、方向性、進路、軌道 P18, P47, P79
- ☐ patience: 忍耐強さ, 忍耐、忍耐力 P38, P75
- ☐ peaceful: 平和な、のどかな P22, P79
- ☐ peacemaker: 調停者、平和を作る人 P85
- ☐ permit...to do:…に〜することを許す、許可する P19
- ☐ persecute: 〜を迫害する、しいたげる P70
- ☐ persist: 存続する、持続する P49
- ☐ persistence: 粘り強さ P38
- ☐ persistent: 持続性の、永続的な P23
- ☐ personal: 個人的、私的な P65
- ☐ personally: 自分自身で、じきじきに P75
- ☐ pick: 〜を精選する P79
- ☐ pivotal: 極めて重要な、中枢的な P21
- ☐ planet: 惑星 P26
- ☐ play a role: 役割を演じる、任務を果たす P76
- ☐ play by the rules: ルールに従って行動する P45
- ☐ pledge: 〜を誓約する、確約する P17
- ☐ pledge to do: 〜すると誓う、堅く約束する P10
- ☐ pledge to...that: 〜であることを…に対して明言する、確約する P26
- ☐ poetry: 詩、詩作 P18
- ☐ point fingers: 指でさし示す P74
- ☐ point to: 〜を指摘する P74
- ☐ politics: 政治 P18
- ☐ pose A to B: A（問題など）をBにもたらす、引き起こす P49, P66
- ☐ possess: 〜を所有する、保有する P36
- ☐ potential: 潜在的な、可能性のある P48
- ☐ Prague: プラハ（チェコ共和国の首都）P16
- ☐ Prague Spring: プラハの春（チェコスロバキアの自由化政策（1968年）。ソ連軍侵略で挫折した）P20

- ☐ precondition: 必要条件、前提条件 P78
- ☐ predecessor: 前任者、先輩 P16
- ☐ predict that: 〜であると予言する、予報する P19
- ☐ prefer: むしろ〜したい P11
- ☐ present: 〜を提示する、提起する P48
- ☐ pressure...to do:…に〜するよう圧力をかける P47
- ☐ prevail: 圧倒する、勝ち残る P22
- ☐ prevent: 〜を防ぐ、予防する、〜を妨げる P25, P46, P71
- ☐ prime minister: 首相、総理大臣 P16
- ☐ principle: 原理、原則 P43, P59
- ☐ principled: 原則に基づいた、主義に基づいた P20
- ☐ proceed: 進む P78
- ☐ production: 生産、製造 P41
- ☐ progress: 進歩、発展 P53
- ☐ proliferation: まん延、拡散 P44
- ☐ promise: 約束、将来の保証 P20, P29
- ☐ promote: 〜を促進する P85
- ☐ prosperity: 繁栄 P24
- ☐ prosperous: 豊かな、繁栄している P55
- ☐ protect: 〜を守る、保護する P26, P67
- ☐ protectionism: 保護主義、保護貿易主義 P25
- ☐ protest: 〜に異議を申し立てる P79
- ☐ prove that: 〜であることを証明する P21
- ☐ provide: 〜を提供する、供給する P26
- ☐ provocation: 挑発、刺激 P46
- ☐ publicity: 広報、周知 P60
- ☐ pulse: 脈打つ、鼓動する P83
- ☐ punish: 〜を罰する P47
- ☐ purpose: 目的 P50, P81
- ☐ pursue: 〜を追求する、追い求める P18, P41, P68, P75
- ☐ pursuit: 追求 P20, P72
- ☐ put down:（反乱などを）鎮圧する、抑え込む P20

Q
- ☐ question whether: 〜かどうかを問う、〜かどうかに疑いを持つ P52

R
- ☐ radiation: 放射能 P11
- ☐ raise: 〜を上げる、高く掲げる P54
- ☐ rather: それどころか、逆に P12, P77
- ☐ rather than: 〜よりもむしろ P77
- ☐ ratification:（条約・協定などの）批准、承認 P41
- ☐ reach: ①（目的などを）達成する ②（能力などの）範囲 P38, P69
- ☐ reach for: 〜に手を伸ばす、〜を取ろうとする P55
- ☐ reaffirm: 〜を再確認する、〜と再び断言する P24, P79
- ☐ realize that: 〜であることを悟る、はっきり理解する P10
- ☐ recognition: 認識 P70
- ☐ recognize: 〜を認識する、悟る P32
- ☐ recognize that: 〜であることを認める、承知する P60
- ☐ record: 記録 P17

■ボキャブラリー・チェック

- [ ] rectitude: 正直、廉直 P78
- [ ] reduce: 〜を減少させる、削減する、〜を減らす、縮小する P13, P39
- [ ] reduction: 削減、減少 P10
- [ ] refugee camp: 難民キャンプ P72
- [ ] regime: 体制、管理形態 P35, P47
- [ ] region: (一定の境界を持つ) 地域 P48
- [ ] reject: 〜を拒絶する P67
- [ ] relation: 関係、関連 P32
- [ ] relentlessly: 情け容赦なく、絶え間なく P66
- [ ] religion: 宗教 P64
- [ ] rely on: 〜に頼る、〜を当てにする P20
- [ ] remain: 依然として〜のままである P77
- [ ] remarkable: 注目に値する、優れた P58
- [ ] remind A of B: A (人) に B を思い出させる P46
- [ ] reminder: 思い出させるもの P13
- [ ] remove: 〜を取り除く、なくならせる P49
- [ ] renew: 〜を復活させる、更新する P24
- [ ] renounce: 〜を断念する、放棄する P44
- [ ] represent: 〜を象徴する、表す P58
- [ ] require: 〜を要求する P75
- [ ] resist: 〜に抵抗する P24
- [ ] resolution: 解決、解答 P75
- [ ] resolve: 決心、決意 P78
- [ ] resources: 資産、資金 P43
- [ ] respect: ①尊敬、敬意 ②〜を尊敬する、尊重する P47, P81
- [ ] respond: 反応する、応答する P30
- [ ] response: 反応、応答 P47
- [ ] responsibility: 責任、責務 P75
- [ ] revolution: 革命 P18
- [ ] rid: 〜を取り除く、除去する P12
- [ ] right: 権利 P37
- [ ] rightful: 正しい、適切な P48
- [ ] rigorous: 厳格な、厳しい P46, P48
- [ ] rise and fall: 上がり下がり、盛衰 P18
- [ ] road map: 行程表、計画図 P75
- [ ] rule: 規則、宗規 P82
- [ ] ruthlessly: 無慈悲に、冷酷に P69

S

- [ ] sacrifice: 犠牲 P31
- [ ] safety: 安全、無事 P30
- [ ] scale: 規模、程度 P69
- [ ] sculptor: 彫刻家 P13
- [ ] secure: ①安全な、危険のない、不安のない、安心できる ②〜を安全にする P39, P80
- [ ] security: 安全、安全保障 P10, P67
- [ ] seek: 〜を探し求める、得ようとする、〜を求める、追求する P10, P38
- [ ] seek to do: 〜しようとする P40
- [ ] sensitive: 取り扱いに慎重を要する P51
- [ ] serve: ①勤務する、勤める ②〜のために尽す P64
- [ ] set: (基準などを) 設ける P50
- [ ] set A apart from B: A を B と区別する、A を B から際立たせる P18
- [ ] set a goal: 目標を設定する P52
- [ ] set aside: 〜を取っておく、確保する P25
- [ ] set the stage for: 〜の基をつくる P40
- [ ] shake: 〜をゆるがせる、ぐらつかせる P21
- [ ] shame: 〜を恥じ入らせる P20
- [ ] share: (感情などを) 伝える、〜を共有する、分かち合う P11, P22, P79
- [ ] shared: 共通の、共有の P29
- [ ] shot: 砲弾 P55
- [ ] shrug off: 〜を無視する、軽くあしらう P53
- [ ] sign: 〜に署名する P64
- [ ] simply: 単に、ただ P78
- [ ] situation: 情勢、事態 P68
- [ ] so that: 〜するために P84
- [ ] soil: 土地、国土 P30
- [ ] solve: 〜を解決する、解く P24
- [ ] soul: 精神、魂 P54
- [ ] sound: 正しい、理にかなった P42
- [ ] source: 資源、源泉、根源、原因 P26, P76
- [ ] Soviet Union: ソビエト連邦、ソ連 (1922 年に成立した世界最初の社会主義国。1991 年に解体し、ロシア、ウクライナ、ベラルーシ共和国などで独立国家共同体 (CIS) を創設) P33
- [ ] speak out: 思い切って意見を述べる P10
- [ ] spend: 〜を過ごす P63
- [ ] spirit: 精神 P19
- [ ] split apart: ばらばらになる、四散する P54
- [ ] sports arena: スポーツアリーナ、競技場 P65
- [ ] spread: ①広がる、拡散する ②広がり、拡散 P23, P34
- [ ] stalemate: 行き詰まり P74
- [ ] stand for: 〜を求めて立ち上がる、〜のために戦う、〜を支持する P37, P64
- [ ] stand in the way of: 〜の障害になる、妨げになる P25
- [ ] stand shoulder to shoulder: 一致協力する、協力し合って戦う P27
- [ ] stand shoulder to shoulder to do: 一致協力して〜する P47
- [ ] stand still: じっとしている、活動しないでいる P22, P32
- [ ] stand together: 結束する、団結する P54
- [ ] state: 〜を明言する、正式に述べる、はっきり述べる、言明する P29, P38, P69
- [ ] state: 国家、国 P81
- [ ] statue: 像、立像 P17
- [ ] steal: 〜を盗む P34
- [ ] stereotype: 固定観念 P71
- [ ] stir: (火などを) かき立てる P54
- [ ] stockpile: (弾薬などの) 貯蔵量 P40
- [ ] strange turn of: 〜の妙な展開、不思議な流れ P34
- [ ] Strategic Arms Reduction Treaty: 戦略兵器削減条約 (米国とソ連／ロシアとの間の軍縮条約のひとつで START と略称される) P40
- [ ] strengthen: 〜を強くする、強化する P27, P42
- [ ] strike: 〜に一撃を加える、〜を攻撃する P30
- [ ] subject: 主題、論民 P12

- [ ] succeed in: 〜に成功する P37
- [ ] suffer: 苦しむ、悩む 、悩まされる P25, P72
- [ ] sufficiently: 十分な P40
- [ ] support: 支持、支援 P17
- [ ] survival: 生存、生き残り P35
- [ ] sustained: 持続的な、継続的な P61, P82

T
- [ ] take over: 〜の支配権を得る P27
- [ ] take responsibility for: 〜の責任を負う、〜について責任を持つ P31
- [ ] take steps towards: 〜に向けて対策を講じる P38
- [ ] take to the streets: 街頭に出てデモをする P20
- [ ] Taliban: タリバン（アフガニスタンのイスラム原理主義集団）P68
- [ ] tap: 〜を開発する、活用する P26
- [ ] target: 〜を標的にする P30
- [ ] task: 任務、職務 P61
- [ ] Tel Aviv: テルアビブ（イスラエル最大の都市）P35
- [ ] tension: 緊迫状態 P70
- [ ] terrorist: テロリスト、暴力革命主義者 P30
- [ ] testing: 実験、試験 P34
- [ ] the Atlantic: 大西洋 P30
- [ ] the Cold War: (米国と旧ソ連との) 冷戦（武力によらず外交・宣伝などによって行う神経戦）P33, P76
- [ ] the Holy Bible: 聖書 P85
- [ ] the Holy Koran: コーラン（イスラム教の経典）P61
- [ ] the International Monetary Fund: 国際通貨基金（通称 IMF）P25
- [ ] the Islamic Republic of Iran: イラン・イスラム共和国 P76
- [ ] the Islamic Revolution: イスラム革命（1979年のイランで起こった、イスラム法学者ホメイニ師を中心とした政権奪取事件）P76
- [ ] the Middle East: 中東 P78
- [ ] the Olympic Torch: オリンピックの聖火 P65
- [ ] the Peace Bridge: 平和大橋 P13
- [ ] the Talmud: タルムード（ユダヤ教の教えを集大成した本）P84
- [ ] the Third Reich: (ナチスの) 第三帝国 P71
- [ ] the Torah: トーラー、律法 P85
- [ ] the West Bank: ヨルダン川西岸 P72
- [ ] therefore: それゆえに、したがって P11
- [ ] threat: 脅威、おそれ P13, P23, P32, P67
- [ ] threaten: 〜をおびやかす P80
- [ ] throughout: 〜の間じゅう P74
- [ ] tie: つながり、きずな P13, P70
- [ ] timeless: 不朽の、時間を超越した P58
- [ ] tolerance: 寛容、寛大さ P59
- [ ] tool: 道具 P36
- [ ] torture: 〜を拷問にかける P71
- [ ] tragic: 悲劇的な P70
- [ ] trajectory: 経路、道筋 P38
- [ ] tranquility: 静寂、平穏 P64
- [ ] transcend: 〜を超える、超越する P83
- [ ] trap A in B: A (人) を B にとらえる、閉じ込める P77
- [ ] Treaty of Tripoli: トリポリ条約 P64
- [ ] tribe: 種族、部族 P84
- [ ] trillion: 1兆 P25
- [ ] troops: 軍隊 P77
- [ ] tumultuous: 騒がしい、騒々しい P76
- [ ] turn A into B: A を B に変える P51
- [ ] turn one's back on: 〜に背を向ける、〜を見捨てる P29, P73

U
- [ ] U.N. Security Council: 国連安全保障理事会 P46
- [ ] ultimate: 最終的な、究極的な P35
- [ ] unbreakable: 破ることのできない P70
- [ ] uncomfortable: 不快な、心地のよくない P11
- [ ] unconquerable: 征服しがたい、抑制できない P19
- [ ] undeniable: 明白な、否定できない P72
- [ ] underscore: 〜を強調する、明白にする P46
- [ ] united: 統一された、連合した P19
- [ ] Universal Peace Day: 平和祈念式 P12
- [ ] unleash: 〜を引き起こす P50
- [ ] unprecedented: 先例のない、空前の P70
- [ ] unsecured: 安全でない、ちゃんと守られていない P50
- [ ] unto: 〜に、〜へ P83
- [ ] urge...to do: …に〜するよう強く促す P39

V
- [ ] verifiably: 検証可能な形で P41
- [ ] victim: 犠牲者、被害者 P69
- [ ] vile: 下劣な、卑しむべき P25
- [ ] violation: (法律などの) 違反、違反行為 P46
- [ ] violence: 暴力 P54
- [ ] violent: 乱暴な、暴力的な P66
- [ ] vision: 見通し、構想 P85
- [ ] voice: 発言、言い分 P28
- [ ] vulnerable: 攻撃されやすい、ぜい弱な P50

W
- [ ] war: 戦争 P18
- [ ] warfare: 戦争、武力衝突 P13
- [ ] warhead: (ミサイルなどの) 実弾頭 P40
- [ ] weapon: 武器、兵器 P23
- [ ] weapons-grade: 兵器級の P41
- [ ] when it comes to: 〜に関して言えば P78
- [ ] wherever: どこで〜しても P32
- [ ] whether: 〜かどうか P82
- [ ] whole: すべての P85
- [ ] widen: 広がる、拡大する P53
- [ ] win: 〜を獲得する P65
- [ ] with conviction: 確信を持って P38
- [ ] without cause: 理由もなしに P43

Y
- [ ] yet to do: まだ〜していない P48
- [ ] youthful: 若い、若々しい P19

■ CD ナレーション原稿

付録のCDでは、オープニングとエンディングに英語のナレーションが入っているほか、各演説の冒頭でタイトルが読み上げられています。それらの内容をここに示します。

■ track 01

Thank you for buying *Barack Obama: Building a Peaceful World*.
In this CD you will hear two of President Barack Obama's recent speeches, one in Prague and the other in Cairo, both of which have inspired and given hope to people the world over.
First, in its entirety, is President Obama's Prague Speech: "A World Without Nuclear Weapons," delivered in the Czech Republic on April 5th, 2009.

■ track 22

Next are some excerpts from President Obama's Cairo Speech: "A New Beginning," delivered in Egypt on June 4th, 2009.

■ track 37

And that brings us to the end of this CD. We look forward to bringing you even more of President Obama's speeches in the future as he continues to inspire America and the world.

---

build:
〜を築き上げる、確立する
peaceful:
平和な、穏やかな
recent:
最近の、近ごろの
inspire A to B:
A（感情など）をB（人）に抱かせる
in its entirety:
全体として、そっくりそのまま

nuclear weapon:
核兵器
deliver:
（演説などを）行う
Czech Republic:
チェコ共和国
excerpt:
抜粋、抄録
bring A to B:
AをBに至らせる

look forward to doing:
〜するのを楽しみに待つ、楽しみにしている
in the future:
将来的に、未来に
continue to do:
〜し続ける
inspire:
〜を刺激する、〜に活気を与える

| 朝日出版社のホームページ |

学習法からCNNのリスニングまで、
語学上達のためのコンテンツが満載。
商品のご購入はケータイからも可能です。
ぜひアクセスしてください。

↓

http://www.asahipress.com
http://asahipress.jp（ケータイ用）

［生声CD付き］
［対訳］オバマ大統領「核なき世界」演説

2009年8月5日　初版第1刷発行
2009年10月20日　　第2刷発行

編　集	『CNN English Express』編集部
発行者	原　雅久
発行所	株式会社 朝日出版社
	〒101-0065 東京都千代田区西神田3-3-5
	TEL: 03-3263-3321
	郵便振替 00140-2-46008
	http://www.asahipress.com（PC）http://asahipress.jp（ケータイ）
印刷・製本	凸版印刷株式会社
DTP	有限会社 ファースト
音声編集	ELEC（財団法人 英語教育協議会）
装　丁	岡本 健（岡本健＋）

© Asahi Press, 2009 All rights reserved. Printed in Japan　ISBN978-4-255-00488-4 C0082
CNN name, logo and all associated elements TM and © 2009 Cable News Network. A TimeWarner Company. All rights reserved.